DE FRANCE

EN RUSSIE

Grand in-8° 2e série.

VUE GÉNÉRALE DE MARSEILLE

DE FRANCE EN RUSSIE

JOURNAL D'UN ÉCOLIER

PAR SYLVA CONSUL

Ouvrage orné de gravures.

PARIS

rue des Saints-Pères, 30

J. LEFORT, IMPRIMEUR, ÉDITEUR

A. TAFFIN-LEFORT, Successeur

rue Charles de Muyssart, 24

LILLE

PROLOGUE

Un frère de mon père, parti dans l'Amérique méridionale, au Pérou, depuis une quinzaine d'années, y
avait acquis une immense fortune, grâce d'abord à un
placer qu'il avait découvert dans une propriété achetée
par lui quelques années après son arrivée, et aussi
grâce à l'extension d'un grand commerce de chevaux
sauvages qu'il avait entrepris dans les prairies de La
Plata. Mais si la fortune lui avait souri, le malheur
était venu le visiter. Mon oncle avait choisi pour
compagne une jeune fille de Caracas, capitale de
la république de Vénézuela, dont les parents étaient
venus s'établir à La Plata, où ils avaient monté une
importante maison de banque. Mon oncle perdit malheureusement sa femme peu de temps après la naissance
d'un fils, et, comme un malheur arrive rarement
seul, mon oncle eut encore la douleur de voir ce
fils sourd-muet. Aussi s'est-il décidé, il y a quelque
temps, à réaliser sa fortune pour revenir en France
auprès de sa famille.

J'ai été bien ému en voyant mon pauvre petit cousin, qui n'a que neuf ans, atteint d'aussi tristes infirmités, et je lui ai voué spontanément une profonde amitié; nous sommes devenus les meilleurs amis, malgré notre différence d'âge, car j'ai six ans de plus que lui.

Mon cousin est très intelligent, très travailleur; il aime surtout énormément la lecture, et c'est lui qui m'a fait promettre de lui envoyer le journal de mon voyage, page par page, sans omettre un seul fait intéressant, car lui, le pauvre ami, est obligé, à cause de sa faible santé, de rester auprès de ma mère, qui lui prodigue sans marchander les soins qui lui ont manqué depuis son enfance, et que l'affection d'un père n'a pu remplacer.

Tout ceci ne dit pas pourquoi je fais ce voyage.

Mon oncle, arrivé au moment de la distribution des prix du collège, fut enchanté de toutes les nominations que j'avais obtenues, et chercha longtemps le moyen de me récompenser de mon application à l'étude. Il devait faire un long voyage d'affaires en Russie; il eut alors l'idée de demander à mes parents de me confier à lui pour être son compagnon de route.

— Vous verrez, leur dit-il, que cette année ne sera pas perdue pour lui; rien ne forme la jeunesse comme les voyages. Chaque pays que nous traverserons sera pour lui l'occasion d'apprendre une page d'histoire ou de géographie qui se gravera dans sa

mémoire, sans compter le bien que le changement d'air
et le mouvement apporteront à sa santé.

Bref, toutes ces bonnes raisons déterminèrent mes
parents à accueillir la proposition de l'oncle Paul,
d'autant plus que nous ne devions pas partir de sitôt;
il fallait d'abord laisser le petit Roger s'habituer à
mes parents, et, d'ailleurs, mon oncle avait besoin
de repos. Il avait été très fatigué par la traversée de
Buenos-Ayres à Pauillac, la mer ayant été presque
continuellement mauvaise.

On décida que notre départ n'aurait pas lieu avant
les premiers jours d'octobre.

DE FRANCE EN RUSSIE

7 Octobre 1890.

Nous avons quitté les rives de l'Adour et de la Nive le 6 de ce mois, par une de ces magnifiques journées qui précèdent l'été de la Saint-Martin. Mon père, ma mère, mon petit cousin, la vieille servante Marianne, jusqu'à Stop, le fidèle chien de garde, sont venus nous accompagner à la gare, et chacun ne cessa de me répéter jusqu'au dernier moment : « Et surtout écris-nous souvent ; » je leur ai promis et je tiens ma parole.

10 Octobre 1890.

Notre première étape a été Orthez.

Nous nous y sommes arrêtés pour voir une dame, amie d'enfance de ma mère, dont le fils, professeur à l'Institution nationale des Sourds-Muets de Chambéry (Savoie), est en ce moment en mission à l'Institut royal des Sourds-Muets de Milan. Comme nous devons passer par cette ville, Mme de Croizac nous a donné plusieurs commissions pour lui.

Orthez, bâtie sur le penchant d'une colline, au pied de laquelle coule le Gave de Pau, est la capitale d'un ancien comté. Cette ville, qui était très florissante sous les princes protestants, a perdu toute son importance depuis la révocation de l'édit de Nantes, signée par Louis XIV en 1685.

Notre séjour à Orthez n'a pas été de longue durée, puisque dès le lendemain de notre arrivée, nous gagnions Pau. Quelle jolie ville que la capitale du Béarn ! Elle est dans une situation délicieuse, sur une hauteur d'où on a des points de vue magnifiques ; le Gave bondit à ses pieds, comme s'il était fâché d'être encaissé entre la ville et les coteaux de Jurançon. Nous avons visité le château du roi Henri IV, et, tout en parcourant les vastes salons, les immenses chambres, le guide nous racontait d'amusantes histoires sur ce roi populaire.

Le fils de Jeanne d'Albret et d'Antoine de Bourbon avait été nourri par une bonne grosse paysanne, qui accepta, après que beaucoup de grandes dames eurent refusé de le faire, d'élever le fils de la souveraine. En effet, celui-ci était, dit-on, venu au monde avec des dents

et mordait cruellement toutes ses nourrices. L'héritier de
la couronne de Navarre semblait donc destiné à mourir de
faim quand ladite paysanne se présenta, en déclarant
qu'elle se chargeait bien de lui. En effet, la première
fois que le poupon la mordit, la bonne femme, sans respect pour le futur roi, lui appliqua deux maîtresses gifles.
Le nourrisson étonné se le tint pour dit. Aussi la paysanne
put-elle bientôt montrer un superbe poupon, grandissant
et vagabondant en toute liberté sur les grands chemins avec
ses frères et sœurs de lait et une foule de paysans qu'il avait
acceptés pour compagnons et amis. Plus tard, quand,
avec bien de la peine, il eut enfin la couronne de France,
son père nourricier vint à Paris le voir au Louvre. On
l'introduisit dans la salle du trône où se trouvait Henri IV,
mais le brave paysan béarnais n'eut pas plus tôt mis les
pieds dans la salle, qu'il s'arrêta étonné, regardant le
plafond et cherchant de tous côtés. Puis enfin, s'avançant
vers son ancien nourrisson d'un air apitoyé, il joignit les
mains en s'écriant :

— Ah, lou.mey praoube pétit Henricou, n'as pas sule-
ment u tros de chingar, ni u tranche de yambou pendut
aou plafou; qu'es doune bien praoube aci?

Ce qui veut dire dans le patois béarnais :

— Ah! mon pauvre petit Henri, tu n'as pas seulement
un morceau de lard ni une tranche de jambon pendus au
plafond; tu es donc bien pauvre ici.

Le bon paysan dans sa naïveté était surpris de voir les plafonds du palais de son fils adoptif dépourvus des bandes de lard et des jambons qu'on a l'habitude d'y suspendre dans son pays. Cette surprise provoqua les rires de Henri IV.

Dans notre visite au château, à côté de splendides tapisseries des Gobelins, je vis le berceau du futur Henri IV, fait d'une seule écaille de tortue, et le lit où se reposait Abd-el-Kader quand il était prisonnier au château de Pau.

Ce fut l'occasion pour mon oncle de me parler de la conquête de l'Algérie, tout en nous promenant dans le parc du château qui forme maintenant une promenade de la ville et d'où l'on peut contempler les riants coteaux de Jurançon.

Le soir, dans notre petite chambre toute gaie, en savourant un bon verre de café, mon cher compagnon de voyage me demanda si j'étais content de ma visite au château de Henricou, et des anecdotes que j'avais entendues conter sur ce roi.

— Ah! certes, oui, mon oncle, lui répondis-je; il y a bien des faits historiques que je ne connaissais pas et que je ne manquerais pas de rappeler dans mes devoirs d'histoire, à mon retour au collège.

— Je vais donc, puisque je te vois si désireux de t'instruire ou de récapituler tes connaissances acquises, continua mon oncle, te rappeler en deux mots le règne de Henri IV.

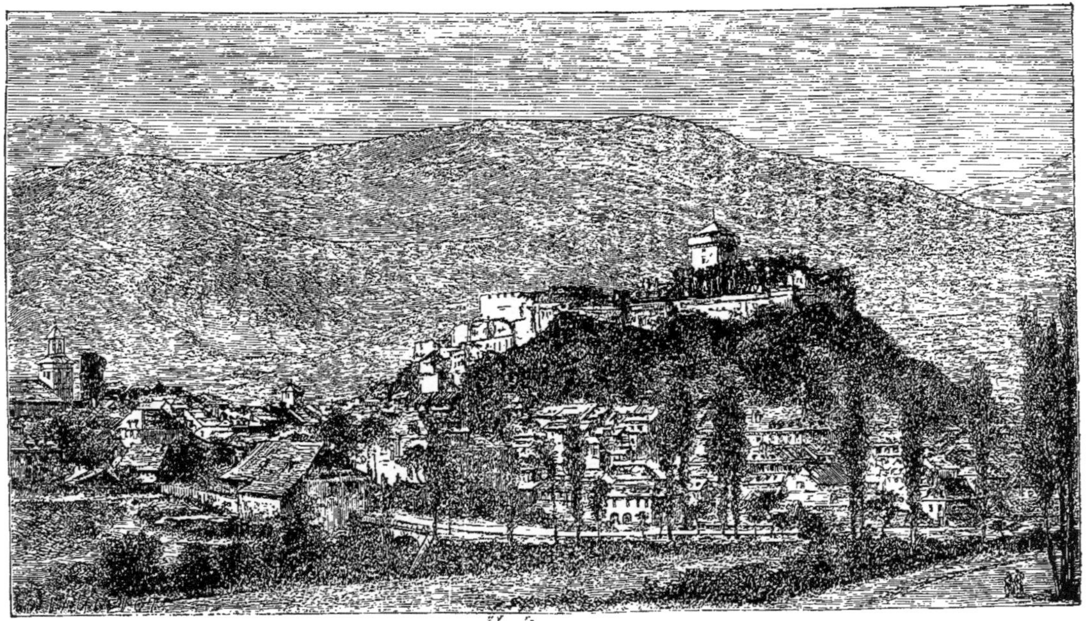

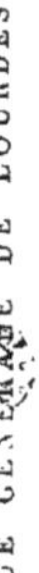

VUE GÉNÉRALE DE LOURDES

La huitième guerre religieuse, dite guerre des trois Henri, avait, tu le comprends, été ainsi nommée à cause des trois chefs qui la dirigeaient. C'étaient Henri III, frère de Charles IX, Henri de Navarre et Henri de Guise, dit le Balafré. Ce dernier, qui avait présidé au massacre de la Saint-Barthélemy, qui avait frappé par l'épée, selon la parole de Jésus, périt par l'épée. Par ordre de Henri III, il mourut assassiné au château de Blois, dans la salle des Gardes.

Henri de Navarre parvint alors à succéder à son beau-frère, mais dut, pour se faire reconnaître, continuer la guerre, puis abjurer le protestantisme. Ce fut à lui qu'on dût l'Édit de Nantes.

C'est surtout en s'occupant du bien-être de ses sujets qu'il mérita le nom de « Bon Roi. »

Dans l'administration de son royaume, il fut aidé par Sully, baron de Rosny, son premier ministre et son conseiller. Sully avait dit que « le pâturage et le labourage étaient pour la France les vraies mines et trésors du Pérou. » Le roi le comprit et protégea particulièrement les laboureurs, faisant publier des ordonnances sévères contre ceux qui dévasteraient les champs.

Tu sais bien, au surplus, la fameuse phrase qu'on prête à Henri IV : « Je veux que chaque paysan puisse mettre la poule au pot le dimanche. »

Mon oncle m'interrogea ensuite sur les enfants de

Henri IV, Louis XIII et son frère Gaston d'Orléans, sans oublier la malheureuse Henriette de France, devenue reine d'Angleterre, et dont l'époux Charles Ier périt sur l'échafaud.

Nous causâmes longtemps de ce régicide, en nous rappelant celui qui ensanglanta la fin du xviiie siècle.

Mon oncle ayant vu que tout ce qui touchait à ces événements m'intéressait beaucoup, prit dans sa malle un petit volume dont je ne me rappelle pas le titre et me lut ce qui suit. C'est avec sa permission que, voulant fixer ces lignes dans mon journal, je les ai transcrites.

Il s'agit, dans le récit, du jour même de la mort de Charles Ier :

« Le jour de l'exécution, quelques heures seulement avant que l'œuvre régicide ne fût consommée, un général arriva à Londres avec son armée ; Fairfax, avait été tout dévoué au roi, mais il s'était laissé séduire, et s'était livré à Cromwell. Cependant, quand il apprit la sentence portée contre Charles Ier, il sentit le remords s'emparer de lui ; il était bon, il résolut de sauver le roi. Mes soldats me sont dévoués, se dit-il, et ils auront bientôt mis à leur place ces sanguinaires patriotes qui croient ensuite avoir la liberté. Cromwell s'aperçut de son agitation, et commença à s'inquiéter de tant d'ardeur ; il envoya vers Fairfax son digne ami Harrisson.

» Celui-ci alla trouver Fairfax :

» — Comme vous voilà ému, lui dit-il; c'est sans doute votre ardeur à voir bientôt triompher la cause de la liberté ?

» — Je dis que notre perte est certaine si nous faisons tomber la tête de Charles.

» — Comment donc, mais il a été jugé et condamné.

» — Ce jugement n'est qu'un crime de plus! Mais je suis ici, Dieu merci, je suis arrivé à temps, Charles Ier ne mourra pas ; je le sauverai, dut-il m'en coûter la vie !

» — Fairfax, dit hypocritement Harrisson, la vie du roi est entre les mains de Dieu seul, et Dieu seul peut le sauver ; comme vous, je gémis en pensant où en sont arrivées les affaires, mais nous ne pouvons rien pour sauver le roi ; croyez-moi, implorons le secours de Dieu, demandons-lui de nous inspirer ce que nous devons faire.

» Et le complice de Cromwell se jette à genoux, et commence tout haut une prière touchante que le Seigneur eût sans doute exaucée, si elle fût sortie d'un cœur plus pur. Tout à coup Fairfax se lève ; il avait prié, lui aussi, mais avec la ferveur qu'inspire le repentir d'une faute.

» — C'est dit, s'écrie-t-il, courons sauver le roi. Dieu m'a parlé, j'ai entendu sa voix ; elle me disait : « Marche, marche, va défendre le roi d'Angleterre, sauve-le, c'est ton devoir. » Non, le temps n'est pas encore venu, prions pour le succès de notre entreprise.

» Fairfax se laisse entraîner ; il était loyal, mais sa

faiblesse le rendait bien coupable. Ils se remirent tous deux à prier. De temps en temps des clameurs venaient frapper leurs oreilles ; mais dans ces temps de troubles, Fairfax ne s'en étonnait pas. Et cependant elle venait de la place de White-Hall, où la tête de Charles Ier roulait sur l'échafaud (1649). Fairfax priait toujours. Tout à coup la porte s'ouvre ; un officier se présente en disant :

» — Le roi est mort.

» — Le Ciel l'a voulu ! s'écrie hypocritement Harrisson.

» Fairfax alors compris tout ; il jeta un regard de mépris sur l'indigne qui l'avait trompé, et se dit que la faiblesse d'un homme est aussi dangereuse dans les grandes occasions que le crime d'un scélérat ! »

Pau compte au nombre de ses enfants, Bernadotte qui fut roi de Suède et de Norvège, sous le nom de Charles-Jean. Il avait épousé la sœur de la femme de Joseph Bonaparte.

C'est le seul des rois créés par Napoléon Ier qui ait su conserver sa couronne ; ses descendants gouvernent toujours la Suède.

Bernadotte fut un grand général ; son courage et sa bravoure ne peuvent être contestés, et il était doué, en même temps que de talents distingués, d'un caractère noble et généreux.

En quittant Pau, nous avons dit au revoir au département des Basses-Pyrénées que nous habitons ; je le

connais presque en entier, sauf les deux sous-préfectures
Oloron et Mauléon, mais je ne les oublie pas ; j'ai bien
gravé dans ma mémoire la géographie de France, en vers,
que m'a apprise mon professeur de Bayonne, et que je me
suis plu à rappeler ici, bien certain que cela fera plaisir
à mon petit cousin, et lui facilitera l'étude de la géographie
de quelques départements :

> Pau, d'Henri IV enfant, conserve la couchette,
> Bayonne, à nos fusils, fixa la bayonnette,
> Elle a port sur l'Adour ; Orthez fait du jambon ;
> Oloron est sol basque, ainsi que Mauléon.

11 Octobre 1890.

Nous allons entrer dans le département des Hautes-
Pyrénées. Oh ! petit cousin, que n'es-tu là, quand nous
irons nous prosterner devant la grotte miraculeuse, jaillie
du pied de la Très Sainte Vierge, dans ce petit village de
Lourdes ! J'ai confiance que la bonne Mère, jetterait un
regard favorable sur toi. Cette confiance, je vais prier
Marie de l'inspirer à mon bon oncle, si chrétien. Comme
je suis heureux de pouvoir prier devant l'image vénérée !
Te souviens-tu de notre lecture si avidement faite du beau

livre de M. Lasserre. Joins-toi à moi pendant cette journée du 13, que nous allons passer dans les lieux témoins de si grandes choses. Unis-toi à moi pour invoquer Celle qui, du roc stérile, fit sortir l'onde pure, Celle qui est toute-puissante auprès de Jésus, son Fils.

Lourdes, 14 Octobre 1890.

Il faudrait des pages et des pages pour t'exprimer les sentiments que nous ressentons mon oncle et moi, et te raconter notre pèlerinage à Lourdes. Sois certain que je t'en ferai, à mon retour, la relation exacte. Au surplus, ton père a décidé que nous viendrons avec toi l'an prochain supplier Marie de te prendre sous sa protection.

15 Octobre 1890.

Après Lourdes, nous avons vu Tarbes, ses nombreuses casernes, sa fonderie de canons, son important et magnifique haras, et enfin le beau jardin public Massey.

Tarbes s'enorgueillit d'avoir vu naître plusieurs hommes célèbres, entre autres :

ÉGLISE DE LOURDES

Le baron Larrey, médecin de Napoléon Ier qui en a parlé dans son testament avec cette mention : « le plus honnête homme que j'aie jamais connu. »

Cependant on a raison de dire que nul n'est prophète dans son pays, car les habitants de Tarbes, malgré la célébrité du baron Larrey, firent graver sur la pierre de son tombeau, l'inscription suivante, en patois de Bigorre :

> *Aci, debat aqueste peyre,*
> *Repaüse lou plus gran de touts lous medecis*
> *Qui, de poü d'esta chens besis,*
> *En a remplit lou cimeteyre.*

Inscription qui peut se traduire :

> Ici, sous cette pierre,
> Repose le plus grand de tous les médecins
> Qui, de peur d'être sans voisins,
> En a rempli le cimetière.

Voici d'ailleurs, mon cher cousin, pour mémoire, les quatre vers qui ont trait au département des Hautes-Pyrénées :

> Tarbes voit ses ruisseaux venant des Pyrénées;
> Bagnères de Bigorre a des eaux sulfurées,
> Barèges, des bains; et touriste et buveur
> Trouvent près Argelès, Cauterets, Saint-Sauveur.

Nous n'avons fait que passer sur le territoire du Gers, qui a Auch pour chef-lieu.

> Auch est dans la Gascogne ; ouvrez la bouche grande,
> Nommez Condom, Lectoure, Lombez et Mirande
> Tous les quatre à la file, on aura plus tôt fait
> Car pour un Gascon seul, ces noms ont de l'attrait.

— Puisque nous sommes en Gascogne, me dit mon oncle, tu ferais bien de me dire ce que tu connais sur ce pays et ses habitants.

— Volontiers, répondis-je, et je vais vous satisfaire tout de suite, le mieux possible.

« La Gascogne formée des départements du Gers, des Hautes-Pyrénées, d'une partie des Basses-Pyrénées, des Landes, de la Haute-Garonne, du Lot-et-Garonne et du Tarn-et-Garonne, a été réunie à la France en 1453, en même temps que la Guyenne, à la suite de la bataille de Castillon, gagnée par les troupes de Charles VII, commandées par Xaintrailles, Dunois, Chabannes et les deux frères Bureau, sur les Anglais, à la tête desquels était Talbot. C'est cette bataille qui mit fin à la guerre de Cent Ans au cours de laquelle Jeanne d'Arc accourut au secours de la France. Cette héroïne, abandonnée par les siens après la délivrance d'Orléans, et le sacre de Charles VII à Reims, fut brûlée par les Anglais à Rouen en 1431. Toutefois, après cet acte de lâcheté, le courage du roi de Bourges se réveilla, stimulé par Marie d'Anjou, son épouse. Il parvient à chasser définitivement l'Anglais de France qui ne possédait plus à cette époque que Calais. »

Au temps de Charles VII vécut Alain Chartier, le poète si célèbre à juste titre.

Mais, je m'écarte un peu de mon sujet, n'est-ce pas mon oncle? Je m'empresse d'y revenir.

La Gascogne est limitée à l'est par la Garonne et l'Aude; à l'ouest, l'Océan; au sud, les Pyrénées; au nord, la Garonne.

L'habitant des Hautes-Pyrénées est grand, svelte, spirituel. Le Gascon, c'est-à-dire l'habitant des autres départements qui forment la Gascogne, est moins bien, mais il est très industriel et tenace au travail, il est attaché au sol natal, et s'il le quitte, ce n'est que momentanément, car il y reviendra, presque toujours, finir ses jours. D'un esprit fin et subtil, il est jovial, vif, spirituel et facétieux; il est gai, plaisant en société et sa verve est intarissable. Cette bonne humeur et les histoires invraisemblables qu'ils vous débitent avec le plus grand sérieux ont rendu les Gascons célèbres. Ils sont philosophes, au sens vulgaire du mot, ont une grande confiance dans l'avenir et en eux-mêmes.

Quant au sol, il est d'une prodigieuse fertilité; les pâturages sont de toute beauté grâce à des irrigations bien comprises; les céréales y viennent en abondance, les vergers y sont en quantité, surtout dans le Gers ; le commerce des vins, des eaux-de-vie d'Armagnac fort recherchées, et des bois s'y fait sur une vaste échelle.

Dans les flancs de la montagne on trouve du plâtre, de l'alun, des pierres de touche et du marbre.

En un mot, la contrée est riche, productive, et d'une salubrité incontestable. . . . .

. . . .

Nous voici arrivés dans la capitale de la Haute-Garonne, qui est peut-être la plus ancienne ville de l'Europe. Nous sommes descendus à l'*Hôtel du Capitole*.

C'était la première fois que je dînais à table d'hôte, et ma foi, cela m'a bien amusé d'observer toutes les physio-nomies inconnues qui se trouvaient autour de nous. Tous ces gens que l'on ne connaît pas, que l'on ne reverra peut-être jamais, sont intéressants à dévisager.

J'ai remarqué, entre autres, un Allemand qui ne pouvait guère dissimuler sa nationalité, à cause de son accent tudesque. J'avoue que tout naturellement, en voyant ce Prussien, la tristesse s'est emparée de moi, car je songeais aux atrocités que ses compatriotes, et peut-être lui-même, avaient commises en France pendant la malheureuse guerre de 1870, et le souvenir de ces deux pauvres provinces arrachées à notre chère patrie, l'Alsace et la Lorraine, se réveilla en moi.

Mais pour faire diversion et oublier un instant les tristes

exploits de ces teutons, mon bon oncle me posa quelques questions.

— Voyons, mon cher neveu : dis-moi un peu pourquoi cette contrée est appelée Languedoc ?

Rassemblant mes idées qui divaguaient en pays annexé, je lui dis qu'autrefois la France était divisée en langue d'oil et en langue d'oc.

— Pourquoi ? continua-t-il.

— Parce que mon oncle, les habitants au nord de la Loire, disaient oil pour oui, tandis que ceux au sud, disaient oc.

— Très bien, on voit que ton professeur a puisé dans Froissart pour faire son cours d'histoire.

A présent, parle-moi du Languedoc, comme tu l'as fait de la Gascogne.   .   .   .   .

.   .   .   .

— Le Languedoc, continuai-je, est limité au nord par l'Allemagne, au sud par le comté de Foix, le Roussillon et la Méditerranée, à l'ouest par le Rhône, à l'est par l'Armagnac.

Ses habitants sont sobres, travailleurs, et aiment la société.

Le sol produit des charbons renommés (surtout dans l'Ardèche), qui sont embarqués à Beaucaire, sur le Rhône pour de là être dirigés sur tous les points de la France et de l'Europe.

Les vignes, les pommiers, les noyers et les chataigners s'y cultivent également bien, et le commerce des toiles à voiles, des dentelles et de la poterie y est florissant.

Mais pendant que je faisais ainsi, avec un peu de complaisance peut-être, étalage de mon savoir, l'heure s'écoulait rapidement. Aussi mon oncle coupa-t-il court à la conférence, non sans m'avoir cependant posé une dernière question :

— Avant d'aller visiter les monuments de Toulouse, ne connais-tu pas, mon petit Paul, un fabuliste fameux, celui qui vient immédiatement après La Fontaine, et qui est originaire du Languedoc ?

— Florian, sans doute, répondis-je.

— Eh oui !

— Franchement, mon oncle, j'ignorais ce détail.

— Ceci, conclut-il gaiement n'a rien d'extraordinaire.

En quittant l'hôtel, nous nous sommes rendus au Capitole, qui comprend à la fois l'hôtel de ville, les musées et le grand théâtre. Nous avons pu admirer le vieux donjon de l'ancien Capitole qui date des Romains. Il est encore très bien conservé.

Dans la cour de l'hôtel de ville, on nous a montré la hache qui a servi à décapiter Montmorency, sur l'ordre de Richelieu, approuvé par Louis XIII, malgré les supplications des membres de la famille royale eux-mêmes.

Si les souvenirs de Louis XIII et de Richelieu se repré-

CARDINAL RICHELIEU

sentèrent à mon souvenir, sollicités encore par mon oncle, dont la mémoire est vraiment prodigieuse :

— Remarque comme Louis XIII a concouru à la gloire de la France, en sacrifiant son amour-propre de roi à la grandeur du royaume. Comme il a su faire taire ses sentiments d'homme envers le ministre dont il avait su apprécier le génie ! Et quel génie ! Songe donc au triple but qu'il s'était proposé et aux résultats qu'il a obtenus ! Soumission des protestants, abaissement de la noblesse, réduction de la maison d'Autriche, quelle conception !

Est-ce tout ? non.

Rien n'échappe à ses réformes. Au besoin, il crée. Vois l'Académie française fondée par lui. Le duel est aboli, au prix de la mort de Montmorency. Il sacrifie tout, en un mot, pour rendre le royaume puissant au dedans et au dehors. Il aime la France avec passion et c'est ce qui lui permet, à son lit de mort, de déclarer à Louis XIII que s'il avait autant fait pour mériter le royaume du ciel que pour agrandir le royaume de France, il verrait avec plus de sérénité approcher le jugement de Dieu !   .   .   .   .

.   .   .   .

Après l'hôtel de ville, nous avons visité la superbe basilique de Saint-Sernin, dont j'ai admiré l'architecture et les beaux vitraux. Saint-Étienne (la cathédrale), et l'église de la Daurade sont aussi fort belles.

Près de Saint-Sernin, Simon de Montfort, chef de la

croisade contre les Albigeois, sous Louis VIII dit le Lion, et sous le pape Innocent III, est tombé frappé par une catapulte manœuvrée par des femmes de Toulouse (1218).

Ces Albigeois étaient une secte d'hérétiques qui repoussaient l'autorité de l'Église. Cette hérésie s'était formée à la même époque que celle des Vaudois, dans les états de Raymond VI, comte de Toulouse. Les Albigeois ayant massacré Pierre de Castelnau, Innocent III prêcha une croisade contre eux, à la tête de laquelle fut appelé Simon de Montfort.

Les curiosités de Toulouse sont assez nombreuses, entr'autres la maison de pierre, très bel hôtel, dont l'architecture date de la Renaissance. L'Hôtel-Dieu vis-à-vis le Château-d'Eau, dans le faubourg Saint-Cyprien, alimenté par des eaux venant de la Prairie des filtres, qu'il distribue dans les fontaines de la ville.

Le Château-d'Eau est un don d'un ancien capitoul.

Les capitouls étaient jadis les magistrats municipaux toulousains. L'un de ceux-ci fut le père d'un homme dont s'honore l'humanité : Esquirol, le célèbre aliéniste, né en 1772 et mort en 1840 qui employa non seulement sa vie, mais encore sa science et son argent à améliorer le sort des aliénés. Il suivit en cela les préceptes de son maître, Pinel, l'émule de Corvisart, à qui les aliénés doivent le traitement humain qui leur est appliqué aujourd'hui. Sa connaissance des maladies mentales l'ont fait connaître non seulement en France mais encore à l'étranger, surtout en Angleterre et en Italie.

Le superbe Asile d'aliénés de Turin a été construit d'après ses plans, et plusieurs villes de France, Rouen, Nantes, Le Mans, Charenton, Ivry et Montpellier lui doivent également les plans de leurs maisons de fous. Comme tu le devines, mon cher cousin, c'est l'érudition de ton père que je te transmets en ce moment.

Le canal du Languedoc va de Toulouse à Agde, et fait communiquer la Garonne à la Méditerranée. Ce canal construit sous Louis XIV, par Paul Riquet, ingénieur, qui a sa statue sur le canal même, traverse les départements de l'Aude, de l'Hérault, en passant par Castelnaudary, Carcassonne, Béziers (où est né Riquet), départements qui renferment plusieurs établissements d'eaux minérales.

Ce grand travail qui a coûté 17 millions fut entièrement terminé en 1681 ; sa longueur de Cette à Toulouse est de cinquante-quatre lieues, et il a fallu, pour remédier aux inégalités du terrain, soixante-quinze écluses, cinquante-cinq aqueducs et soixante-douze ponts.

— Sais-tu, mon cher Roger, ce qu'on entend par un canal, une écluse, un aqueduc ?

En peu de mots je vais essayer de te le faire comprendre.

Un canal est une rivière, creusée par la main des hommes pour mettre en communication deux points éloignés à des altitudes différentes. On nomme lit du canal toute la partie du terrain recouverte par les eaux.

L'écluse est un ouvrage en maçonnerie de forme rectangulaire dont les deux extrémités sont clôturées chacune par deux portes mobiles destinées à abaisser où à élever à volonté dans son intérieur les eaux du canal pour permettre à un bateau de passer d'un bief dans un autre.

Un bief est un tronçon de canal dont la longueur varie suivant la pente du terrain sur lequel le canal est creusé.

Plus la pente est raide pour arriver du point de départ au point d'arrivée, plus de biefs il y aura, et par conséquent plus d'écluses.

Figure-toi, mon cher Roger, que chaque bief représente une marche d'escalier, et comme les bateaux n'ont pas de jambes pour gravir les autres marches, les écluses sont là pour faire monter ou descendre le bateau d'un bief dans un autre.

Un aqueduc est un canal en maçonnerie fait exprès sur un pont jeté sur une vallée pour conduire les eaux d'un endroit dans un autre.

Je pense que ces petits renseignements te serviront plus tard.

Maintenant je continue le récit de mon voyage.

Pour gagner la gare nous avons longé la Garonne, qui prend sa source au val d'Aran, dans les Pyrénées. Ce fleuve désobéissant, cet amateur de liberté qui déserte trop

souvent son lit pour aller inonder les malheureuses cam-
pagnes languedociennes, dévastant tout avec l'indifférence
des grands malfaiteurs, reçoit près de Bordeaux, la Dor-
dogne et prend le nom de Gironde au bec d'Ambèze.

Toulouse est la patrie de Bour Lormian qui traduisit en
vers, *la Jérusalem délivrée*, du Tasse, et les poésies d'Os-
sion. Cette ville a encore donné naissance au jurisconsulte
Cujas, enfin à un homme qui a eu le bonheur d'être utile
à ses concitoyens, l'abbé Sicard qui s'occupa, comme l'abbé
de l'Épée, de l'éducation et de l'amélioration du sort des
sourds-muets.

J'ai quitté la ville des jeux floraux en donnant un souvenir à Clémence Isaure, leur fondatrice.

> Toulouse aux feux floraux, tout en faisant des vers,
> Près Villefranche a mis le canal des deux mers.
> Muret, sur la Garonne, a des fruits près Cayères
> Saint-Gaudens a du marbre, et des bains à Bagnères.

En passant à Castelnaudary, qui est bâtie en amphithéâtre sur une petite éminence au pied de laquelle est
creusé le port du canal, mon cher compagnon de voyage
me demanda si cette ville ne me rappelait rien. Je restai
quelques minutes à réfléchir, mais mes souvenirs ne se
réveillaient point.

— Voyons, tu m'as parlé des complots de Gaston
d'Orléans....

— Bien, bien, mon oncle, j'y suis maintenant. C'est sous les murs de cette ville que les troupes de Montmorency réunies à celles de Gaston d'Orléans et du duc de Lorraine, Charles IV, se sont heurtées aux troupes de Louis XIII restées victorieuses; c'est à la suite de cette rencontre que Montmorency, lâchement abandonné par Gaston d'Orléans, fut livré à Richelieu.

— Bon, c'est cela; je vois avec plaisir que ton hésitation n'était due qu'à un manque de mémoire momentané.

Le poète Alexandre Soumet, que sa *Jeanne d'Arc*, et la *Pauvre Fille*, ont rendu célèbre, est né à Castelnaudary.

Avant de dire adieu à cette ville, j'ai voulu connaître un mets du pays, dont j'avais entendu parler. J'ai prié à mon oncle de vouloir bien demander, pour le dîner, un plat de Cassoulet.

Si tu savais, petit cousin, comme c'est bon ce ragoût de haricots, de poulet et de saucisson! C'est exquis, et je ne suis pas étonné de sa bonne renommée. J'envoie la recette à maman. Si tu désires juger par toi-même de la bonté de ce manger, tu prieras ta tante de déployer à la première occasion, ses talents culinaires.

HÔTEL DE VILLE DE NARBONNE

22 Octobre 1890.

Nous voici arrivés à Carcassonne, nous nous y sommes installés pour quelques jours, mon oncle tenant à connaître le chef-lieu du département de l'Aude qui mérite d'être vu ; étant peut être une des villes les plus curieuses de France.

D'abord, elle est partagée en deux. La vieille ville ou la cité, qui est perchée tout au haut de la montagne, comme un aigle dans son aire ; puis la ville nouvelle, qui s'étend à ses pieds, entre l'Aude et le canal.

La cité n'est autre que l'ancienne ville de Carcassonne. Elle est vraiment intéressante à visiter ; ses constructions gothiques datent de très loin, ont été fort bien conservées et surtout merveilleusement restaurées par Viollet Leduc.

La ville neuve, ou ville basse, forme un contraste complet avec la ville haute. Elle est très propre, et ses rues bien alignées, coupées à angles droits, sont pourvues de nombreuses fontaines qu'alimentent des eaux très potables, bien que peu limpides parfois. De jolies places, ainsi que de belles promenades, plantées de platanes donnant en été beaucoup d'ombrage, concourent avec l'air frais et salubre qu'on y respire à rendre le séjour de Carcassonne agréable.

La ville neuve et la cité communiquent ensemble, au moyen d'un beau pont en pierre de dix arches.

En visitant la cité, le guide nous a raconté la légende de la reine Carcas, dont on voit la statue à l'entrée de l'ancienne Carcassonne.

Quand Simon de Montfort assiégea la ville, il résolut de réduire ses habitants à l'obéissance par la famine; mais il avait à faire à forte partie, tout au moins sous le rapport de la ruse. La reine Carcas relevait sans cesse le courage de ses sujets, les exhortaient à la patience et à la résignation.

La ville allait cependant succomber faute de vivres, il ne restait plus qu'un pauvre malheureux porc, qui eût été, à la vérité, bien peu de chose pour apaiser la faim de tous les affamés; c'est alors que la reine Carcas, eut l'idée de le sacrifier pour essayer de sauver son peuple.

Elle le fit précipiter au haut des remparts, sur les ennemis qui demeurèrent convaincus que la ville était amplement pourvue de provisions.

Pendant ce temps, la reine faisait sonner les cloches à toute volée :

— Puisque Carcas sonne et nous jette ainsi des provisions, se dirent les soldats de Monfort, nous ne parviendrons jamais à la réduire, nous n'avons plus qu'à lever le siège.

Ce qu'ils firent, et la ville fut sauvée. Le nom lui

resta, et c'est depuis qu'elle se nomme Carcassonne.

Mais l'histoire dément cette légende faite à plaisir, et nous apprend que Simon de Monfort se rendit maître de cette ville. Certains auteurs font remonter la légende de la reine Carcas au règne de Pépin le Bref.

Pour moi je suis enchanté de connaître cette ville toute méridionale, et je ne puis pas dire, avec le paysan de Limoux, chanté par Nadaud, que je mourrai sans avoir vu Carcassonne. Et j'en suis ravi.

C'est dans cette ville pittoresque que s'est écoulée l'enfance du poète André Chénier.

Marie-André Chénier était né à Constantinople, où son frère était consul de France, mais il fut envoyé, dès sa plus tendre enfance chez une sœur de son père qui habitait Carcassonne. C'est là qu'il fut élevé. Plus tard il vint à Paris, où l'appelait sa carrière. Il fut jeté en prison pendant la Terreur, pour avoir rédigé la lettre par laquelle Louis XVI, condamné à mort, demandait qu'on en appelât pour cette sentence au jugement du peuple.

André Chénier, dans sa prison, employa ses longues heures d'agonie à faire de superbes poésies, entr'autres : *Jeanne d'Arc*, et la *Jeune Captive* qui lui fut inspirée par Mlle de Coigny qui se trouvait au nombre des prisonniers enfermés avec lui. Il était bien jeune, trente et un ans, quand Robespierre l'envoya à l'échafaud, le 7 thermidor (25 juillet 1794).

Dans la voiture qui le conduisait à la guillotine, le malheureux poète ne put s'empêcher d'accorder un dernier regret à la vie, et de s'écrier en se frappant le front :

— Et pourtant j'avais quelque chose là !

Il a laissé des églogues, des élégies et des fragments de poèmes. Dans toutes ses poésies, on remarque une exquise sensibilité, beaucoup de force d'énergie et de naïveté en même temps, et surtout une grande noblesse de sentiments.

Un autre poète, Alexandre Guiraud, qui écrivit entre autres élégies, le *Petit Savoyard*, est originaire également de ce département, il est né à Limoux. Cette petite ville distante seulement d'une vingtaine de kilomètres de Carcassonne, est renommée par ses vignobles et ses vins blancs dits « Blanquette de Limoux. »

Narbonne, 28 Octobre 1890.

En 1641, me dit ton cher père, petit cousin, Narbonne reçut la visite de Louis XIII accompagné de Molière. C'est là que furent représentées, pour la première fois, ses *Précieuses Ridicules*, et c'est là aussi que pendant l'hérésie

des Albigeois le légat du pape Innocent III vint recevoir
la soumission des seigneurs qui avaient embrassé l'hérésie nouvelle.

Raymond VI, comte de Toulouse, y fut condamné au fouet
et dépouillé de tous ses biens.

Marc-Aurèle, qui, de tous les empereurs romains, laissa
la meilleure réputation comme homme de bien, naquit à
Narbonne, alors colonie romaine.

Cette ville a été fortifiée par Vauban, sous Louis XIV.
Elle avait quatre portes : la porte Sainte-Catherine, sur le
canal, la porte de Béziers, la porte de Perpignan, et celle
de Toulouse. Trois existent encore aujourd'hui. Ses fortifications ont été démolies pour agrandir la ville qui a
une population d'environ 20,000 habitants.

La mairie, dont la façade a été décorée par Viollet-
Leduc, est très remarquable ; nous sommes allés nous
agenouiller dans les églises Saint-Just et Saint-Paul, bâties
par les Romains. Cette dernière possède un splendide
autel en marbre finement sculpté, les vitraux de ces
églises sont nombreux, luxueux, et méritent une mention
toute spéciale.

L'aqueduc de Narbonne est aussi très intéressant à voir.
C'est encore une construction due aux Romains. Un
homme peut facilement se tenir debout à l'intérieur ; il a
environ 25 kilomètres de longueur, et alimente la ville
par deux fontaines.

Dans la campagne environnante on trouve une quantité de vestiges de l'architecture romaine dont les ruines d'un cirque romain.

La tour du télégraphe aérien, qui fut créée par Chappe en 1790, a excité ma curiosité par sa hauteur (120 mètres environ), et par les richesses qu'elle renferme ; c'est là que se trouve le musée de la ville, où sont réunies de précieuses antiquités datant des Romains, telles que salles de bains en mosaïque, urnes anciennes, instruments et bijoux de toutes sortes en cuivre vert durci au moyen d'une trempe spéciale inconnue de nos jours.

J'ai appris, encore par mon oncle, que c'est à Narbonne que Charles VIII, monté sur le trône en 1483, signa le traité en vertu duquel il restituait à Ferdinand le Catholique, roi d'Espagne, aïeul de Philippe le Beau, père de Charles-Quint, le Roussillon et la Cerdagne achetés quelques mois auparavant au roi d'Aragon. Ce prince sacrifia toutes les provinces si laborieusement acquises par Louis XI, son père, et que sa sœur et tutrice Anne de Beaujeu avait si bien su lui conserver pendant sa régence. Car Anne de Beaujeu employa non seulement toute son intelligence à conserver à son frère la France telle qu'elle lui avait été laissée par Louis XI, mais encore elle fit son possible pour agrandir les États en mariant Charles VIII à Anne de Bretagne qui lui apporta en dot cette belle province.

L'AQUEDUC — MONTPELLIER

Anne de Beaujeu était une femme d'un mérite éminent. Non seulement elle agrandit la France, mais, aidée par Xaintrailles et de La Trémoille, elle sut encore réduire les seigneurs qui s'étaient révoltés contre son autorité ; à la tête de ceux-ci se trouvaient cependant le duc d'Orléans, son beau-frère, marié à Jeanne de France, seconde fille de Louis XI.

Cette révolte est connue sous le nom de Guerre folle. C'est durant cette campagne, à la bataille de Saint-Aubin-du-Cormier, que le duc d'Orléans fut fait prisonnier par La Trémoille et emprisonné à Tours pendant trois ans.

Ce même duc d'Orléans, ayant succédé à Charles VIII sous le nom de Louis XII (1498-1515), prononça cette phrase restée célèbre, quand ses courtisans lui conseillèrent de se venger de La Trémoille : « Le roi de France ne venge pas les injures du duc d'Orléans. »

— Je t'ai déjà dit, continue mon oncle, que le Roussillon n'était redevenu français que sous Louis XIII, et que ce fut la dernière campagne de Richelieu.

Enfin, j'ai à ajouter que Narbonne est renommée pour son miel exquis et par ses vins. Comme le dit ma géographie en vers :

> Carcassonne, aux abords du canal du Midi,
> Nous vante les gros draps de Castelnaudary ;
> Narbonne vend le miel de la montagne
> Et Limoux la blanquette imitant le champagne.

La journée s'était vite passée en visitant la ville, et le soir nous avons été heureux de retrouver notre chambre d'hôtel.

Le lendemain, de très bonne heure, nous avons pris le train qui nous a conduits directement à Montpellier, en traversant Béziers et Pézenas.

Comme nous avons laissé le département des Pyrénées-Orientales à notre droite, je te cite ici les principales villes :

> Perpignan, sur le jet, fait vin de Roussillon ;
> Xérès, sur deux rochers, montre son vaste pont ;
> Prades parle patois, c'est à n'y rien comprendre,
> Et le mieux, mon ami, c'est de ne point t'y rendre.

En passant à Béziers, nous avons aperçu la ville bâtie sur un plateau coupé presque à pic, à environ une centaine de mètres au-dessus de la rivière de l'Orb. Sa cathédrale, aux flèches aiguës et aux tours crénelées, s'élève au bord de ce plateau, et ressemble à un ancien château féodal. De là-haut le point de vue doit être magnifique, mais on nous a dit que si on pénètre dans la ville, on ne voit que des rues noires, tortueuses et irrégulières. Le climat y est très doux et le vin justement apprécié.

De Narbonne à Montpellier, le pays est très pittoresque ;
tantôt des coteaux couverts de vignes, étagées en amphithéâtre, qui donnent le vin et les eaux-de-vie dont la
renommée est allée jusqu'au delà des mers; tantôt de belles
prairies ont défilé devant nos yeux charmés. Nous avons
vu encore çà et là des plantations d'oliviers, d'amandiers,
de belles forêts de chênes verts.

C'est au milieu d'une de ces forêts et aux environs de
Pézenas que se trouve un château-fort avec tours, mâchi-
coulis, créneaux, fossés, pont-levis ayant appartenu à la
famille de Montmorency. Un voyageur du pays, qui était
avec nous dans le train, nous a donné ces renseignements
et nous a appris que ce castel possède un immense souter-
rain pourvu de routes carrossables qui le font communiquer
avec la campagne en débouchant à plusieurs kilomètres de
ses murs d'enceinte.

Au milieu de cette belle nature sont parsemés de coquets
villages, la plupart très anciens. Que toute cette campagne
doit être belle en été, alors que ces carrés de vignes ont
leurs pampres longs et verdoyants! Dans le Midi, les ceps
de vignes ne sont pas étayés, comme en Bourgogne ou en
Lorraine, avec des échalas. Des vignerons nous ont dit

qu'on laissait les sarments ramper sur le sol; ils s'entre-croisent, s'attachent solidement par leurs vrilles, et forment ainsi un véritable tapis de verdure. Aussi, quand arrive juillet, il est impossible de pénétrer dans les vignes pour les travailler. Il n'y a plus qu'à attendre la vendange qui commence ordinairement dans la première huitaine de septembre.

Aux alentours de Montpellier s'élèvent d'élégantes villas, de fringants chalets, de confortables maisons de campagne, le tout appartenant à des bourgeois, à des rentiers.

Enfin, nous sommes arrivés dans cette ville célèbre, enchantés de notre voyage.

Montpellier, à proximité de la mer, est une ville de 59,258 âmes. Elle est bâtie dans un site admirable; l'horizon est borné au nord, par les Cévennes; à l'est, par les Pyrénées; à l'ouest, par les Alpes; et au sud, par la Méditerranée. On voit, à deux kilomètres de là, baigné par la mer, un petit village très coquet, Palavas-les-Flots, qui, de simple rendez-vous de pêcheurs qu'il était autrefois, est devenu aujourd'hui une station balnéaire qui prend tous les jours de l'extension. On s'y rend par un petit chemin de fer à voie étroite.

Le chef-lieu du département de l'Hérault, qui fait un commerce important de vins, d'eaux-de-vie, de savons, de bougies, d'étoffes de soies, de coton, etc., est une cité très calme. Cependant le commerce n'y est pas seul honoré; le travail de l'esprit y trouve largement sa place.

Montpellier possède la plus vieille Université de France ; elle remonte au xiie siècle, et comprend : une Faculté des lettres, une Faculté des sciences, une École de médecine, une École supérieure de pharmacie, une École d'agriculture. En visitant la Faculté des lettres, l'huissier de service nous a fait voir la robe de Rabelais, qu'on conserve précieusement.

La prospérité commerciale de Montpellier remonte à Jacques Cœur, né à Bourges, en 1400, et argentier du roi Charles VII.

Au xvie siècle, François Ier disait à son rival Charles-Quint :

— Paris n'est pas une ville, mais un monde; Toulouse, Lyon, Bordeaux et Rouen sont bien estimables, mais Montpellier les surpasse.

Elle n'a malheureusement rien conservé de cette époque. La maison que Jacques Cœur s'y fit bâtir, et qu'on appelait la Loge, ainsi que la fontaine Putanelle, ont disparu pendant la Révolution.

Nous avons eu la chance, étant à Montpellier, de voir une cavalcade organisée par les bureaux de bienfaisance.

Tous les jeunes gens de la ville y prenaient part ; les temps anciens, le moyen âge et les personnages de nos jours y étaient représentés.

C'était d'abord Hercule, tenant la massue avec laquelle

il fendit le détroit de Gibraltar ; puis Cléopâtre, sur un char
magnifique ; venait ensuite Lucullus, suivi d'un nombre
infini de marmitons, portant chacun un plat délicat,
copieux, pour le repas du gourmand empereur romain ;
enfin, c'étaient les anciens druides, des Gaulois, des Celtes,
de gentils troubadours, si en honneur dans ce beau midi
de la France ; une vieille châtelaine du temps de Blanche
de Castille. Auprès des graves Templiers se trouvaient de
joyeux mousquetaires ; puis les soldats de la Révolution,
les incroyables, les muscadins du Directoire, les braves
grenadiers du premier Empire, et enfin les costumes étrangers de nos jours : Russes, Espagnols, Serbes, Grecs, Chinois, Tonkinois, Malgaches, Soudanais, Marocains, Tuni-
siens, Égyptiens. Les chars surtout représentant les danses
et les jeux anciens du pays avaient fixé notre attention, et prin-
cipalement le char du chevalet sur lequel étaient l'homme-
cheval et le donneur d'avoine. Ces deux personnages nous
ont fait bien rire ; car le premier, le corps passé à travers
un cheval de carton caparaçonné, se montrait rétif,
lançait des ruades, se dressait, faisait mille bonds de
côté et en avant, pour empêcher le donneur d'avoine
d'approcher :

Le char des Treilles, sur lequel des jeunes gens,
costumés en villageois du pays, dansaient gracieusement
en sautant dans des cerceaux ornés de fleurs et de rubans.
Enfin venait le fameux poulain de Pézenas, sorte de cheval

en bois, caparaçonné et drapé, sous lequel se cachaient des
hommes qui le faisaient manœuvrer. Ce cheval me rappelait celui du fameux siège de Troie, dans lequel étaient
cachés des guerriers assiégeants, qui pénétrèrent dans la

MONTPELLIER AU XVᵉ SIÈCLE

ville et la prirent, mettant ainsi fin à la guerre. Il n'y
manquait qu'Achille, Agamemnon et tous les autres héros
du siège de Troie.

Je me suis fort amusé à voir ce défilé ; mon oncle

lui-même riait de si bon cœur que j'en étais doublement
heureux.

La cavalcade passée, nous avons continué notre
promenade à travers la ville pour déboucher sur une
place à laquelle viennent aboutir deux boulevards. Le
boulevard de gauche conduit dans le Montpellier industriel ;
celui de droite, dans le Montpellier artistique et scientifique.
Par ce boulevard, bordé de très beaux hôtels, on arrive sur
la place de la Comédie, au milieu de laquelle se dresse une
fontaine vasque et, à gauche, le théâtre. Par une trouée
de la place, on aperçoit de beaux platanes, c'est l'Esplanade, vaste terrasse aux balustres en pierre, dominant de
dix à douze mètres une partie de la ville. De cette terrasse
le coup d'œil est superbe. En face, s'étend une immense
plaine de vignobles limitée par les Cévennes. Sur le flanc
d'une petite colline, à droite, on distingue des taches
blanches au milieu des carrés de vignes. Ce sont les
« mas » aux murs blanchis à la chaux. Le mas est la
maison de campagne où le commerçant vient le dimanche
se reposer des fatigues de la semaine.

Sur l'Esplanade, le musée Fabre, un des plus beaux de
province. Il possède de nombreuses toiles de Cabanel, un
enfant du pays.

En face du musée, la caserne du génie a l'aspect d'un
palais, avec ses campaniles, ses cheminées sculpturales,
son entrée monumentale et ses toits d'ardoises.

Sur la place de la Préfecture, cet hôtel et celui des postes et télégraphes. De là on aperçoit dans le lointain, à l'extrémité de la rue Nationale, à travers la porte monumentale d'un arc de triomphe, la statue équestre en bronze de Louis XIV. Cette statue est érigée au milieu de la place du Peyrou.

Le roi Soleil est représenté à cheval, son sceptre à la main.

La légende raconte que l'artiste, auteur de la statue, s'est tué parce qu'il avait oublié de mettre des éperons à Louis XIV.

Cette fin tragique me rappelle celle de Vatel, le fameux cuisinier du grand Condé, immortalisé par Mme de Sévigné, qui se perça d'un coup d'épée parce que la marée allait manquer à un souper offert par son maître à Louis XIV.

La place du Peyrou, plantée de grands arbres, peut être plutôt considérée comme une promenade, au milieu de laquelle se trouve un jardin où les musiques militaires viennent se faire entendre pendant la belle saison. D'ici encore on domine une partie de la ville. Cette promenade rappelle assez les jardins suspendus de Babylone, que Sémiramis, reine d'Assyrie et épouse de Ninus, fit construire sur les remparts de la ville, et qui étaient la première des sept merveilles du monde.

De chaque côté de la place du Peyrou règne une terrasse qui domine les toits des maisons. Au pied de cette terrasse, du côté droit, on voit le Jardin des plantes, la Faculté de médecine et l'École supérieure de pharmacie. Tout à côté le Palais de justice et la Maison centrale.

Ce qui m'a frappé à Montpellier c'est la quantité des décrotteurs. On les rencontre partout, aux abords de la gare, des cafés, et dans les principales rues.

Le décrotteur des villes du Midi n'est guère qu'un vagabond, et peut être comparé au gamin de Paris.

Il court de tous côtés, la sellette à la main, les brosses dans un panier, et fait la chasse aux clients.

> Montpellier, du Midi se dit le beau fleuron ;
> Lodève à nos soldats fait du drap molleton ;
> Béziers sur le canal a pour les eaux de vie
> Marché régulateur ; Pézenas envie ;
> Et s'il faut célébrer les produits de Saint-Potin,
> Citons ses marbres blancs qu'on trouve aux environs.

Marseille, 14 Novembre 1890.

Après huit jours passés à Montpellier, nous l'avons abandonnée pour Marseille où le chemin de fer nous a vite amenés.

Nous voulions visiter Cette, malheureusement il fallait nous détourner de la route de Marseille, et comme mon oncle avait un rendez-vous le surlendemain, avec son armateur arrivé depuis peu de Guaïra dans le Venezuela, nous avons dû renoncer à notre projet.

Enfin Marseille la Belle apparut à nos yeux, avec sa rade splendide. Notre première visite fut pour le port qui nous attirait. Je crois vraiment que c'est le plus beau de France; les vaisseaux, les navires de tous pays y sont en si grand nombre que les mâts y sont légion. En nous promenant au bord de la mer, nous avons rencontré, revenant du Tonkin, M. de Tré, capitaine de frégate, père d'un de nos amis intimes de pension.

J'ai été bien heureux de le retrouver, car je l'aime beaucoup. Chaque fois qu'il entreprend un long voyage, comme il est veuf, il nous confie son fils pour le faire sortir les jours de congé, et jamais, quand il rentre en France, il ne manque de me rapporter de beaux objets des pays lointains qu'il visite; je garde précieusement tous ces souvenirs qui composent ce que j'appelle orgueilleusement ma collection étrangère.

Mon oncle et lui eurent vite fait connaissance, tous deux ont à peu près le même caractère, bon, franc, généreux, et deux nobles cœurs comme eux ne pouvaient faire que sympathiser. M. de Tré nous offrit de visiter son navire, l'*Invincible*, magnifique spécimen des navires cuirassés, formidable engin d'attaque et de défense avec son terrible éperon, et ses canons de 14 et de 32 $^m/_m$.

Que c'est beau, que tout est splendide dans cette maison

flottante! Pas le moindre coin qui n'ait sa destination et comme tout y est d'une esquise propreté. Il faut voir les cuivres, avec quel éclat ils brillent, on peut s'y mirer aussi bien que dans les meilleures glaces de Saint-Gobain. Rien ne manque, l'utile comme l'agréable : salon de réception, salle à manger, chambres d'officiers, fumoir, bibliothèque, pharmacie, infirmerie, enfin tout ce que l'on peut désirer.

Le commandant nous a fait visiter la cuisine, la cale qui est réservée aux provisions en vivres et en charbons, la machine actionnant les hélices, les différents étages, le faux pont et le premier pont, la batterie avec ses canons de 14 $^m/_m$ laissant dépasser leur bouche par les fenêtres appelés sabords. Dans la batterie couche l'équipage composé d'environ 1,200 hommes et chaque homme y a son hamac. Enfin, le pont supérieur appelé les gaillards, sur lequel, dans des tourelles cuirassées, ouvertes par en dessus (tourelles barbettes) construites sur les gaillards d'avant et d'arrière, reposent les gros canons de 32 $^m/_m$. Entre ces tourelles, et à découvert, sur ce pont, des canons revolvers Hotchkins lançant des petits obus de 35 et 45 $^m/_m$. Sur les gaillards se dressent les mâts avec des hunes cuirassées dans lesquelles se placent les fusiliers marins pour couvrir le pont ennemi, d'une grêle de balles et de mitraille, et les canons à tir rapide, qui sont de véritables mitrailleuses.

Nous avons pu voir encore, évoluant autour de l'*Invincible*, un coquet petit navire. Notre aimable commandant nous a dit que c'était un torpilleur, petit bateau à vapeur, le plus rapide et le plus petit possible, destiné à s'approcher, sans être vu, des gros bâtiments pour les détruire au moyen d'une torpille portée ou lancée.

L'équipage se réduit à quelques hommes, et un capitaine-officier.

La torpille portée est placée au bout d'une perche, à l'avant du torpilleur, qui doit aller la faire éclater sous les flancs mêmes du navire ennemi.

On comprend à quels dangers sont exposés les braves soldats à qui incombe cette difficile mission.

La torpille lancée, ou torpille Whitehead est un véritable projectile qu'on lance au moyen d'un canon à 6 ou 800 mètres de l'ennemi. Pour se garantir contre ces engins on emploie de grands filets aux mailles d'acier appelés pare-torpilles qu'on descend à une certaine profondeur dans la mer autour des bâtiments à préserver.

Nous quittâmes M. de Tré après avoir gouté à des gâteaux, à des fruits exotiques, banane, cocos, letchies, ananas, dattes, à des fruits du pays, bien rares pour la saison, raisins, pommes, poires, oranges, offerts avec la plus parfaite urbanité et nous nous donnâmes rendez-vous pour le lendemain.

Cette journée fut consacrée à la visite de la ville.

La Canebière, longue allée plantée d'arbres, allant en pente douce vers le port, et éclairée, le soir, à la lumière électrique.

Rue de la République, dont les maisons à cinq et six étages, sont bâties toutes dans le même style, et, ce qui attire surtout l'attention, ce sont leurs balcons placés tous à même hauteur.

A la jonction de ces deux rues se trouve Notre-Dame de la Salette, église remarquablement belle. Les grâces accordées par Notre-Dame aux fidèles qui l'implorent dans leurs besoins, attirent grand nombre de pèlerins qui y accourent de tous les points de la France; ce pèlerinage est presque en aussi grand honneur que celui de Lourdes. Nous sommes allés, mon oncle et moi, nous agenouiller devant la statue et j'ai prié avec ferveur pour tous les êtres qui me sont chers, et surtout pour ma mère, que je brûle vraiment du désir d'embrasser.

Le cours Belsunce est très pittoresque avec ses petits jardinets entourés de grilles. La statue de Mgr de Belsunce, évêque de Marseille, qui se dévoua pendant le choléra de 1720, sous Louis XV, est érigée sur le cours à qui Marseille reconnaissante, donna le nom du prélat mort victime de son dévouement.

A l'extrémité du cours, on aperçoit la place Castellane.

Nous avons encore visité la chapelle de Notre-Dame de la Garde, pèlerinage des marins qui ne manquent jamais, au retour de leurs lointains voyages, d'aller remercier la Vierge, de les avoir protégés.

NOTRE-DAME DE LA GARDE

Cette chapelle est de toute beauté, et renferme des richesses provenant de dons; les murs sont recouverts d'*ex-voto*. La statue de la Vierge est colossale, on monte à l'intérieur, et un homme peut se tenir debout dans la tête, et par les yeux de la statue, il peut contempler l'admirable panorama qui se déroule à ses pieds : la Méditerranée avec ses vagues molles et bleues, le port égayé par ses innombrables navires de toutes les nations, l'ancienne prison d'État, le château d'If, où fut enfermé, dit-on, le Masque de fer.

Marseille, est une ville essentiellement cosmopolite. Depuis le raide Anglais, jusqu'au Chinois nonchalant, au Cafre noir au vilain Malais, au nègre du Malabar au rouge Indien, Marseille est le rendez-vous de l'univers, aussi cette ville serait-elle très agréable à habiter si le choléra n'y faisait fréquemment son apparition. A quoi faut-il attribuer sa présence presque annuelle? Est-ce à cette grande agglomération de peuple? Est-ce à la nature du sol, ou encore à la malpropreté de certains quartiers? Car il faut bien le reconnaitre, le vieux Marseille laisse à désirer sous ce rapport, et, cependant, chaque année la municipalité entreprend des travaux considérables d'assainissement, ouvre de nombreux asiles de nuit où les déshérités de la fortune trouvent non seulement un abri, mais encore une nourriture suffisante. La vie y est très bon marché, comme dans toutes les villes du Midi et on peut à peu de frais se faire servir de la fameuse bouillabaisse si appréciée des Provençaux. J'ai eu la fantaisie de

goûter à cette soupe, faite de toutes sortes de poissons, et
j'avoue que je ne l'ai pas autant prisée que le cassoulet de
Castelnaudary.

A Marseille, les matelots étrangers y trouvent des au-
berges tenues par leurs compatriotes, qui mettent à leurs
portes, en guise d'enseignes, leur drapeau national.

Il était tard quand nous rentrâmes à l'hôtel ; c'est
à peine si j'ai pu manger un peu, je m'endormais sur ma
chaise, tellement j'étais fatigué de toutes mes pérégrina-
tions à travers cette ancienne ville qui date des Phocéens.
Mon oncle voulait me faire rester au lit la matinée,
pendant qu'il serait allé terminer ses affaires avec son
armateur, mais j'ai préféré le suivre.

> Marseille, le plus beau de tous les ports de France,
> Par son or, dériva le cours de la Durance.
> De sa grandeur antique également déchue,
> Arles, près Tarascon, dans le sable est perdue ;
> Mais visitons toujours ses splendides ruines,
> Et d'Aix, enfin notons les huiles, les salines.

Entre Marseille et Agde, le Rhône se jette dans la Méditerranée par deux embouchures. Après avoir traversé Arles,
ce fleuve se partage en deux branches dont l'une se nomme
grand Rhône et l'autre Rhodanet ou petit Rhône. Entre ces
deux bras se trouve l'île de la Camargue, un des plus beaux
pâturages de France, sur lequel on élève en toute liberté

de beaux petits chevaux, dit-on, et des bœufs magnifiques.

Le Rhône est un des cinq grands fleuves de France, et l'un des plus impétueux de l'Europe entière ; sa navigation est très dangereuse. Il prend sa source au Mont Saint-Gothard, en Suisse, dans un des beaux glaciers des Alpes, traverse le lac de Genève, qui a une longueur d'environ 15 lieues sur une largeur de 12 à 15 kilomètres, sans mêler ses eaux à celles du lac, puis, à sa sortie, disparaît sous terre pour reparaître à 100 mètres plus loin. C'est ce qu'on appelle la porte du Rhône. Il entre ensuite en France par le défilé de l'Écluse.

——— ——

Toulon, 25 Novembre.

Ce n'est donc qu'après avoir goûté une journée de repos que nous avons visité Toulon. C'est un port à la fois militaire et marchand, sur la Méditerranée.

Je me suis rappelé qu'en 1524, cette ville fut prise par le connétable de Bourbon, puis par Charles-Quint en 1536. En 1707 le prince Eugène essaya inutilement d'y entrer, mais en 1790, elle serait devenue la proie des Anglais, si Napoléon Ier, alors simple officier d'artillerie, n'avait sauvé la ville.

Toulon est bâtie sur un terrain légèrement incliné vers la mer, au pied de hautes collines, et au fond d'une petite baie. Sa rade est magnifique, et les navires y sont bien abrités. Le port marchand possède un superbe quai, et c'est là qu'on voit l'Hôtel de Ville orné d'un balcon dû au ciseau de Puget, le célèbre sculpteur français vivant au temps de Louis XIII et de Louis XIV.

La place d'armes est fort belle, et la Préfecture maritime la borne en entier d'un côté. Les églises sont fort anciennes, mais moins belles que celles de Toulouse que je préfère. Nous avons admiré les bas-reliefs de la porte de l'Arsenal; cet arsenal, le premier de France, nous a vivement intéressés. Nous avons vu son Magasin général; édifice monumental, à la construction duquel, chose remarquable, on n'a pas employé de bois; la Corderie commencé par Vauban, ce bâtiment fût terminé par Riquet; le Parc d'artillerie, avec tous ses canons et ses projectiles si artistement empilés; enfin le jardin public.

Aux environs de Toulon s'élève sur le bord de la mer, la petite ville de la Seyne, fameuse par ses importants chantiers de constructions navales.

Cannes, 29 Novembre 1890.

En quittant Toulon, nous sommes passés par Hyères, où est né Massillon. J'ai été en admiration devant l'énorme quantité d'orangers et de citronniers qui embaument le pays. A côté de ces beaux arbres, on voit encore en pleine terre, des palmiers et des cactus magnifiques, et dans cette partie de la Provence (province réunie à la couronne de France sous Louis XI), jusqu'à la frontière italienne, la végétation y est remarquable.

Mon oncle m'a raconté que le roi de France Charles IX, fit exprès un voyage à Hyères pour y admirer la grosseur des orangers. Il m'a appris aussi que la ville d'Hyères est d'origine grecque, qu'elle se nommait Arcaï. Ce furent les Romains qui l'appelaient Hyères.

Toute cette contrée est splendide ; j'en étais enthousiasmé jusqu'à Fréjus, où nous avons passé une journée.

Fréjus, à l'embouchure de l'Argens, est une ville très ancienne fondée par les Massiliens, mais reconstruite par Jules-César qui y fit élever des édifices superbes et lui donna le nom de Forum Julii, d'où lui est venu son nom de Fréjus. Comme curiosités antiques, je dois te citer d'abord un magnifique aqueduc de quinze lieues qui amenait les eaux de la Siaque, puis les restes d'un magnifique amphithéâtre, enfin la Porte dorée qui forme une espèce d'arc de triomphe.

Les principaux édifices sont l'hôpital et l'hôtel de
Ville.

Bonaparte débarqua dans cette petite ville quand il eut
quitté subitement l'Égypte, où il commandait l'armée française qui venait de remporter la célèbre victoire des Pyramides.

— Sais-tu, me demanda mon oncle, ce qu'on appelle
les Pyramides d'Égypte ?

Et comme j'hésitais.

— Eh bien, c'étaient tout simplement de gigantesques
monuments de pierre, dont le plus haut avait 146 mètres,
et sur lesquels, dit-on, étaient gravées une quantité d'ins-
criptions. Les pyramides comptaient au nombre des sept
merveilles du monde et renfermaient, dit-on, les tombeaux
des rois d'Égypte ; elles auraient été construites par les
Israélites lorsqu'ils étaient en captivité sous la dépendance
des Égyptiens après la mort de Joseph.

La plage de Saint-Raphaël, près de Fréjus, est charmante. Aux environs, on trouve des carrières de porphyre
et on y cultive le chêne-liège.

> Draguignan donne au Nord la fleur de l'oranger ;
> Toulon, port vaste et sûr, nous garantit l'Alger,
> Nous ouvre sur tous points la Méditerranée ;
> Enfin Brignoles vend sa prune si prônée.

Fréjus a vu naître Sieyès, président du Directoire,

gouvernement qui vint après la Convention nationale et qui était composé de cinq membres, signataires de l'arrêt de mort qui frappa Louis XVI. . . . .

. . . .

De Fréjus, nous nous sommes rendus à Cannes.

Je me souviendrai longtemps de mon séjour dans ce joli petit port de mer, car je m'y suis bien amusé.

Nous sommes descendus chez des amis du commandant de... qui avait annoncé notre arrivée. Nous étions attendus et nous ne pouvions mieux choisir notre jour. Il y avait grande réjouissance chez M.., à l'occasion du baptême de sa première petite fille.

Nous n'avons donc pu voir Cannes aussi vite que nous le désirions, mais en revanche nous avons passé une première journée ravissante.

Après le repas nous avons été nous promener sur la jolie promenade de la Croisette, au bord de la mer, où se fait tous les ans la bataille des fleurs avec autant d'entrain et d'animation qu'à Nice.

Le quai est très large et très propre. Pendant cette promenade nous avons vu entièrement la ville ; sa situation est des plus charmantes. Le vieux Cannes est bâti sur un rocher dominant le port, et la ville nouvelle composée de très riches villas s'étend en amphithéâtre entre la Napoule et la pointe de la Croisette. Presque à la pointe de la Croisette se trouve une ville princière, dont je veux te dire

CHATEAU D'EAU DU NOUVEAU MUSÉE DE MARSEILLE

quelques mots, car elle a été rendue célèbre par le séjour qu'y fit l'impératrice de Russie, mère d'Alexandre III, et où elle est morte.

Le propriétaire actuel, alors qu'il était jeune homme, voyageait en Russie pour la maison de son père, grand industriel de Grasse. A cette époque la police russe était très rigide, et exigeait des voyageurs que leurs passe-ports et lettres de crédit, fussent visés dès leur arrivée dans une ville de l'Empire. A Saint-Pétersbourg, M. X... rencontra à l'hôtel où il était descendu, des artistes français engagés pour la saison, dans un des principaux théâtres péters-bourgeois. Le plaisir de se trouver avec des compatriotes si loin de sa patrie, lui fit oublier les formalités qu'il avait à remplir. La police russe, sur ces entrefaites, vint vérifier les passeports. Ceux de notre jeune homme n'étant pas en règle, il fut arrêté. Pendant qu'il était conduit devant le chef de la police, ses amis adressèrent une supplique motivée, à l'Impératrice, la priant de prendre sous sa protection le jeune Français coupable seulement de négligence.

Pendant l'interrogatoire qu'il subissait, un officier de la cour apportait, à la police, une lettre autographe de la cza-rine ordonnant l'élargissement de M. X....

Bien longtemps après cet événement, l'impératrice de Russie, malade, était venue à Cannes demander à son climat salutaire une amélioration à l'état de sa santé ébranlée. La coïncidence voulut que la villa louée par la souveraine fut voisine de celle de son ancien protégé.

Cette dernière, une demeure vraiment princière surpassait en beauté et en commodités, celle de l'auguste malade. Elle était vaste, les jardins plus grands, plus jolis, plus nombreux et des fenêtres de l'appartement la vue, non contrariée, s'étendait au loin sur la mer et sur les environs.

Que fit son propriétaire? Se souvenant de la bonté de la souveraine à son égard et désireux de lui rendre le séjour de la Provence agréable en tous points, il lui écrivit, se fit connaître, et lui déclara que sa propriété avec tout ce qu'elle renfermait était à sa disposition, que des ordres étaient déjà donnés pour que des portes de communication fussent percées dans les murs mitoyens des deux propriétés.

M. X... quitta immédiatement sa villa et n'y rentra qu'après la mort de l'Impératrice. .   .   .   .

.   .   .   .

Le lendemain du baptême nous devions quitter Cannes pour aller directement à Nice. Mon oncle ne voulut quitter la ligne de Nice sans aller voir Grasse et ses distilleries de fleurs. L'oncle Paul a accepté cette offre, car il ne néglige rien de ce qui peut m'instruire.

Il m'a appris qu'en 1815, avant les Cent Jours, Napoléon Ier, qui était parvenu à s'enfuir de l'île d'Elbe, déguisé en pêcheur, débarqua près de cette petite ville. J'ai su également par lui que Cannes et Grasse ont été détachées du département du Var, en 1860, lors de l'annexion de Nice à la France, après la campagne d'Italie, pour former avec cette ville, et Puget-Théniers, le département des Alpes-Maritimes.

Nous sommes partis pour Grasse, accompagnés de M. Merle, qui allait revoir sa fille.

Le parcours de Cannes à Grasse est enchanteur : de tous côtés, la vue s'étend sur de riches plantations de vignes; les oliviers, le câprier, le jujubier y croissent en abondance, les oliviers y sont de toute beauté. Les fleurs de toutes sortes s'y voient à profusion, et répandent dans l'air un parfum pénétrant; on ne doit jamais se lasser d'habiter un tel pays. Nous sommes descendus à Grasse chez M. et Mme Jarson, les nouveaux mariés, qui ont un appartement confortable et coquet, dans une belle maison sur le cours. De leurs fenêtres on a une vue splendide sur la mer. M. Merle et son gendre ont été les plus aimables cicerone.

Grasse, entre les derniers contreforts des Alpes et les magnifiques plages de la Méditerranée, est bâtie en amphi-théâtre sur les flancs d'une montagne et à mi-côte, au milieu de roses, de violettes, de jasmins, d'orangers. C'est une ville où s'est centralisé le commerce des parfums qu'elle expédie en grande quantité non seulement à Paris et dans toute la France, mais encore dans le monde entier.

Les parfumeurs de la région achètent les flacons, bouteilles et bonbonnes, dont ils ont besoin, à la verrerie de la Bocca, que l'on aperçoit en arrivant à Cannes.

Nous avons visité une très belle et très ancienne église du XIIe siècle. Cette église possède une belle peinture : l'*Assomption*, de Subleyras, artiste espagnol.

La promenade de la ville, le cours planté de superbes arbres, qui domine le Jardin des plantes où se trouve le buste du peintre Fragonard, est remarquable. Le panorama qu'on a devant les yeux est féerique.

Grasse possède un climat très salutaire. M. Jarson, n'a pas voulu nous laisser repartir sans nous faire admirer l'usine modèle de **MM.** Robertet et Cie, et c'est avec une joie véritable que nous avons accepté son aimable invitation.

En visitant les quatre salles de la fabrique : la salle de distillation, la salle des pommades, la salle des extraits et la salle des huiles, M. Jarson, notre aimable guide, qui avait tenu à m'avoir auprès de lui, pour que je ne perdisse rien de ses explications, nous fit connaître que les habitants de Grasse et de ses environs s'occupent depuis plusieurs siècles à la culture de certaines fleurs et plantes qui servent à produire les matières premières nécessaires à la fabrication de la parfumerie.

Ces fleurs ne sont qu'au nombre de huit : la violette, la jonquille, la fleur d'oranger, la rose, le réséda, le jas-

min, la tubéreuse, et la cassie, ou fleur de l'acacia forne-
siana.

Les principales plantes ou arbustes, sont : la menthe,
la sauge, l'absinthe, le thym, l'aspic, la lavande, la tanai-
sie, le géranium rosat, l'estragon, l'angélique, le myrte,
la verveine, le romarin, le framboisier, l'oranger, la ma-
rasque, le laurier, l'eucalyptus globulus.

Fleurs, plantes ou arbustes donnent le parfum qui leur
est particulier par l'huile essentielle ou essence que renferment la fleur, la feuille, la tige, la graine ou la racine ; on
l'obtient suivant leur nature, ou par distillation, ou par
infusion sur corps gras.

Pour la distillation, on met avec de l'eau, les plantes
que l'on veut distiller, dans des appareils, nommés *alam-
bics*, chauffés à la vapeur, par un double fond, l'ébullition
qui se produit à l'intérieur, entraîne l'huile essentielle avec
la vapeur d'eau, qui, en venant passer dans un réfrigérant
nommé *serpentin*, repasse à l'état liquide, et, en tombant
dans un récipient placé à l'extrémité, par le seul fait de
leur différence de densité, l'essence se sépare de l'eau et
reste à la surface.

Ce procédé s'applique surtout aux plantes, feuilles,
racines et graines, tandis que les fleurs sont travaillées par
l'enflorage.

L'enflorage se fait à chaud ou à froid, suivant les fleurs.
Dès leur arrivée dans les fabriques, les fleurs sont, avec

beaucoup de soin, mises au frais dans des caves, d'où on les reprend au fur et à mesure, pour les travailler. Les unes, comme la violette, la jonquille, le réséda, le jasmin, la tubéreuse et la cassie, ne peuvent servir qu'à parfumer des huiles ou des graisses qu'on nomme corps de pommades ; les deux autres, la fleur d'oranger et la rose, sont en outre distillées pour fournir l'eau de fleur d'oranger et l'eau de rose.

Pour faire des corps de pommades, on transporte, par certaines quantités, les fleurs dont on dispose dans la salle des pommades, où sont de grands bains-marie chauffés à la vapeur, dans lesquels sont des cuves qui contiennent de la graisse. Lorsque, par la chaleur, cette graisse est à l'état liquide, on y verse des fleurs soigneusement épluchées, et on laisse bouillir quelques secondes. On verse ces fleurs bouillantes et imprégnées de graisse sur des tamis, on passe les résidus du tamis sous des presses hydrauliques de grande puissance, afin de faire sortir toute la graisse absorbée ; puis on renouvelle cette opération autant de fois qu'il est nécessaire pour arriver au degré de parfum qu'on désire donner aux graisses.

Pour parfumer des huiles on se sert des pièces d'étoffes spéciales très épaisses qu'on étend sur des cadres de toiles métalliques après les avoir imbibées d'huile d'olive de très bonne qualité, et on les couvre de fleurs qu'on change chaque jour jusqu'à ce que l'on soit arrivé au degré de par-

VUE GÉNÉRALE DE MONACO

fum voulu ; on passe alors ces pièces d'étoffes à la presse hydraulique pour en faire sortir l'huile parfumée qu'elles contiennent.

L'extrait n'est autre chose que de l'alcool parfumé, soit par des corps de pommades, soit par une composition. Lorsqu'on met de l'alcool directement en présence des fleurs, il ne se charge pas, ou presque pas, de leur parfum ; pour obtenir un bon résultat, on a dû avoir recours à un corps intermédiaire, la graisse, qui se charge bien du parfum des fleurs, et qui ensuite cède ce parfum à l'alcool.

Lorsqu'on les met en contact, on prend une certaine quantité de graisse parfumée que l'on place dans un appareil cylindrique, avec le même poids d'alcool. Dans le centre de cet appareil se meut, de haut en bas, actionnée par un mouvement mécanique, une tige armée d'ailettes, qui mélangent intimement l'alcool et la graisse : on fait marcher ce mélangeur, ou batteur, pendant huit jours environ, et alors la graisse est lavée, c'est-à-dire que l'alcool a absorbé presque tout le parfum qu'elle renfermait. On place cet alcool parfumé dans une cave fraîche pour solidifier la graisse qui se trouve en suspension, on filtre, et on a ainsi obtenu l'extrait.

Après que mon oncle eut chaudement félicité les propriétaires de l'usine, nous les avons remerciés de leur gracieuseté et de leur complaisance.

Au sortir de l'établissement de MM. Robertet, nous sommes allés offrir nos hommages à Mme Jarson, et nous avons pris congé de ces charmantes personnes, dont nous conserverons le meilleur souvenir.

Nous avons dû repasser par Cannes pour nous diriger sur Nice. En sortant de cette ville, nous trouvons le golfe Jouan, où les vaisseaux de l'escadre viennent évoluer et faire escale, puis nous apercevons Vallauris où se fabriquent de très jolies poteries artistiques ; enfin, un peu plus loin, nous traversons le Var, dont les eaux grisâtres, mélangées de sable, marquent leur sillon au large dans la mer.

Le train qui nous emportait marchait à une vitesse modérée, et nous étions sous le charme à la vue du pays enchanteur que nous parcourions.

Ce coin de la France a été particulièrement favorisé par la nature ; la végétation y est admirable ; les rosiers, les cactus, les fuchsias, les camélias, les orangers, les palmiers y poussent en liberté, en pleine terre, comme en Sicile ou dans le sud de l'Italie. Aussi, dans toute cette contrée jusqu'à Menton, il n'est point un seul village qui ne possède de splendides villas, de gracieux chalets ou de superbes châteaux appartenant aux favoris de la fortune : Anglais, Russes, Américains viennent chercher, sous ce climat béni, la distraction et la santé qu'ils ne pourraient trouver, même à prix d'or, dans leur patrie.

Nice, 1er Décembre 1890.

Enfin nous atteignons Nice, la ville du soleil. L'azur de son ciel et les flots bleus de la Méditerranée qui viennent se briser à ses pieds, nous ont fait comprendre que, malgré le mistral qui y souffle quelquefois, Nice est un des plus beaux joyaux de la France.

Nous étions logés sur la promenade des Anglais.

Cette grande et belle promenade qui longe la mer est plantée de palmiers. A l'extrémité de cette promenade se trouve le jardin public, créé sur un rocher qui domine la mer et où on arrive par une côte très raide. Nous sommes allés admirer les superbes étalages des magasins du boulevard Masséna (le boulevard des Italiens de Nice), rendez-vous des élégants et riches étrangers.

— C'est, me dit l'oncle, pour honorer la mémoire de Masséna, prince d'Essling, maréchal de France, qui se distingua dans les guerres du premier Empire, que la ville de Nice a donné au plus beau de ses boulevards le nom de ce héros né non loin de là. Le Paillon qui est presque toujours à sec en été, mais qui devient quelquefois un torrent impétueux, coule au milieu de ce boulevard.

Nous avons fait des excursions dans tous les environs de Nice ; c'est ainsi que nous avons été à Menton, en passant par les crêtes d'Éza, d'où on découvre un admirable panorama.

En passant par la route en colimaçon de la Turbie à la Corniche, on arrive à ces crêtes par des contreforts raides et accidentés qui, d'en bas paraissent inaccessibles, arrivé aux sommets, le panorama est splendide et inoubliable. Depuis Port Maurice en Italie, jusqu'à Saint-Raphaël, près de Fréjus, les villes, les villages semblent semés dans cette riche campagne fleurie, et leurs constructions, tantôt blanches, tantôt de couleurs pâles, font l'effet d'autant de perles enfouies dans des écrins de velours vert. D'un côté les clochers de Menton, le cap Saint-Martin, San Remo, et toute la côte lointaine qui, avec ses palmiers orgueilleux et ses oliviers touffus, nous fait déjà rêver de l'Italie. De l'autre, c'est la pointe de Villefranche, Nice, ses églises, et son port, et puis encore et partout et toujours une campagne enchanteresse, émaillée de riches villas.

En redescendant des crêtes d'Éza pour regagner Monaco, la tête vous tourne en voyant ces affreux précipices qui bordent la route.

> Nice, à Solférino, cédée par le roi Sarde,
> Avec Puget et Grasse est poste d'avant-garde.

L'avenue de la gare, plantée d'eucalyptus, est fort jolie et le Casino, bâti en mer sur pilotis en fer, est très curieux et très harmonieux à l'œil.

Enfin que dirai-je encore de la ville ?

Que ses maisons sont de toute beauté, que ses rues sont larges et bien tenues, les monuments publics et les établissements charitables nombreux.

Monaco, 13 Décembre 1890.

A Monaco toutes les maisons sont entourées de magnifiques jardins clôturés par des grilles ou des balustres, sur lesquels serpentent d'énormes rosiers Thé.

La principauté s'étend orgueilleusement au haut de la falaise et sur le bord de la Méditerranée, avec ses villes de Monaco, La Condamine et Monte Carlo. La réputation de ces villes, n'est plus à faire. La principauté de Monaco pourrait être appelée l'Enfer, et celui-là est bien l'enfer de Dante, car les joueurs sont de véritables damnés qui doivent passer par des émotions bien pénibles.

Mon oncle n'a pas voulu me laisser pénétrer dans les salles de jeu, mais il m'a fait remarquer les physionomies de ceux qui entraient ou en sortaient. On lisait sur ces figures fatiguées, l'angoisse et le désespoir, ou bien l'émotion de l'attente et l'espérance du gain. Combien entrent dans ces palais avec une brillante fortune, et en sortent cent fois plus malheureux et plus pauvres que ceux qui sont

forcés de tendre la main pour avoir un morceau de pain ;
car beaucoup, malheureusement, y laissent l'honneur en
même temps que l'argent.

J'ai bien demandé à Dieu, je t'assure, mon cher petit
cousin, de ne jamais être possédé de cet épouvantable
défaut.

Menton, 20 Décembre 1890.

Menton, comme tout le pays, du reste, est charmant.
C'est la même végétation qu'à Nice. La ville est construite
en amphithéâtre sur les penchants est et ouest de deux
collines se faisant face et formant, à leur base, un ravin
allant en pente vers la mer. Les villas et les châteaux étagés
y sont très nombreux ; Menton est la dernière ville française
sur le littoral, avant d'entrer en Italie.

Depuis Nice, le chemin de fer qui côtoie la mer ne cesse
de passer au milieu de ces propriétés féeriques.

Comme nous devions continuer notre voyage par le
Mont Cenis, nous sommes revenus à Nice en voiture par la
route de la Corniche, le panorama moins étendu cependant
est presque aussi beau que du haut des crêtes d'Éza. Nous
apercevions très bien, à l'œil nu, les îles de Lérins et de
Sainte-Marguerite, où le maréchal Bazaine fut exilé après
avoir livré traîtreusement Metz aux Allemands en 1870.

PONT SAINT-LOUIS, PRÈS MENTON

Condamné à mort par un conseil de guerre, il vit sa peine commuée en une détention perpétuelle dans cette île, mais il s'évada et alla finir ses jours en Espagne.

Avant de quitter la France pour passer en Italie, nous nous sommes reposés une nuit à Nice.

Jamais je n'oublierai le plaisir que j'ai éprouvé pendant notre voyage de Nice au Mont Cenis. Nous avons traversé, sans nous arrêter, les départements des Basses-Alpes, des Hautes-Alpes, avant d'arriver à Saint-Jean de Maurienne, dans la Savoie.

> Chambéry nous revient armé pour tout jamais,
> Sous le ciel de la France, il restera français ;
> Albertville, Moutiers et Saint-Jean de Maurienne
> Ferment à l'étranger la porte, d'où qu'il vienne.

Que les Alpes sont belles ! Quelles jolies petites villes ! Quels gentils villages ! Tous ces frais vallons, ces ruisseaux, ces hautes montagnes, ces chalets aériens jetés çà et là sous le feuillage des bois, tout cela est gracieux, coquet, splendide, et en admirant les œuvres du Créateur, on ressent pour lui une reconnaissance sans bornes.

C'est à Modane, canton qui dépend de l'arrondissement de Saint-Jean de Maurienne, que nous sommes entrés sous le tunnel, long de 12 kilomètres, qui aboutit à Bardomèche en Italie. Le passage du Mont Cenis ne m'a nullement effrayé, mais c'est très ennuyeux d'être aussi longtemps plongé dans cette obscurité à peine amoindrie par la lumière douteuse des lampes de wagon, aussi c'est avec une exclamation de bonheur que j'ai salué le premier aperçu du ciel bleu d'Italie. Enfin, j'étais dans cette Italie désirée, dans cette patrie des grands hommes, ce berceau du génie, de la poésie, des beaux-arts !

Nous avons eu de grands ennuis à la douane de Bardomèche, où les employés semblent se faire un malin plaisir d'être fort exigeants pour les Français, surtout depuis les difficultés survenues dans les relations commerciales des deux pays et aussi à cause de la froide indifférence que nous leur montrons, pour l'ingratitude qu'ils nous ont témoignée en entrant dans la triple alliance, c'est-à-dire en se mettant du côté de nos ennemis, de ceux qui, en dépit de leur attachement à la mère-patrie, tiennent enchaînées ces deux parties mutilées de notre France, l'Alsace et la Lorraine. Comment ceux qui gouvernent le peuple italien, ont-ils pu oublier ainsi que les Français ont versé leur sang pour l'unité et le bien de l'Italie ! Ils ne veulent plus se souvenir de Montebello, de Magenta et de Solférino !

Enfin, débarrassés des douaniers et de leurs tracasseries, nous avons pu continuer notre route vers Turin.

Milan, 30 Décembre 1890.

Turin est une très belle ville, sur le Pô, fleuve qui prend sa source au Mont Viso, dans les Alpes. C'est l'ancienne capitale du Piémont, dans les États sardes. Elle possède encore une Université très célèbre, de beaux musées, de riches bibliothèques et des édifices remarquables.

Milan, où nous nous sommes arrêtés pendant huit jours, est beaucoup plus belle.

J'ai été heureux de voir la patrie de cette charmante princesse Valentine, fille de Jean-Galéas Visconti, souverain de Milan, qui se maria avec le duc d'Orléans, aïeul de Louis XII. Cette bonne princesse, bien affligée quand elle quitta son pays, prit comme devise : « Rien ne m'est plus; plus ne m'est rien. »

Louis XII possédait donc des droits incontestables sur le duché de Milan.

Le frère de Valentine, ayant marié sa fille au général Ludovic Sforza, prétendit avoir des droits sur ce duché. Louis XII fit valoir les siens en faisant entrer ses troupes dans le Milanais qu'elles conquirent en vingt jours. Trivulce fut alors nommé gouverneur du duché, mais, par suite de sa mauvaise administration, Sforza fut rappelé par ses concitoyens et acclamé.

Louis XII dut recommencer une seconde fois la conquête du patrimoine de Visconti, et, grâce à la sage administration de Georges d'Amboise, son premier ministre, la domination française y fut enfin affermie pour quelques années.

Louis XII voulut ensuite conquérir Naples, puis marcher sur Venise, qui s'était emparé de quelques parcelles du Milanais. Il échoua. Alors le pape Jules II, voulût chasser d'Italie tous les étrangers qui s'y trouvaient. Louis XII convoqua à Tours une assemblée de prélats pour se faire autoriser à lutter contre le Pape. Ayant obtenu cette autorisation, il chargea le jeune Gaston de Foix de diriger les hostilités. Gaston s'empara de Brescia et livra une glorieuse bataille à Ravenne (1512) où il fut tué. Depuis lors périt aussi la fortune de la France. Les troupes de Louis XII furent défaites successivement à Novarre et à Guinegatte. Le roi dut abandonner le Milanais après l'avoir possédé douze ans. Deux ans après ces défaites mourut Louis XII, qui avait été surnommé le « Père du peuple. »

François Ier, fils de Jean d'Angoulême, gendre de Louis XII, lui succéda, et tenta, lui aussi, la conquête du Milanais. Il arriva très vite jusqu'à Marignan où il remporta une brillante victoire en 1515. La paix définitive suivit cette dernière bataille. La France ne posséda plus que le Milanais en Italie, définitivement perdu pour notre pays après la défaite de Pavie en 1525 suivie du traité de Madrid (1526).

C'est après la bataille de Pavie que François Ier écrivit à sa mère, Louise de Savoie : « Madame, tout est perdu, fors l'honneur. »

La cathédrale de Milan, en marbre blanc, est superbe ; elle est digne de la capitale de la Lombardie. Cette ville possède une Institution de sourds-muets renommée à juste titre. C'est là qu'a pris naissance la nouvelle méthode orale, enseignée également en France, qui fait parler les sourds-muets. La méthode mimique de l'abbé de l'Épée, le bienfaiteur de ces déshérités, est abandonnée aujourd'hui.

Nous avons mis à profit les huit jours que nous avons passés à Milan pour faire des excursions dans les environs. Nous avons vu Monza et sa cathédrale où l'on nous a montré la fameuse couronne des rois sardes. En la voyant, je me suis rappelé Luitprand, l'un des plus grands rois de la Lombardie, et je me disais que, sans doute, ce roi l'avait portée. Mon oncle, à qui j'ai fait part de ma réflexion, m'a conté sur ce monarque une intéressante anecdote que je te fais connaître.

Un jour, ayant appris que deux seigneurs avaient projeté de le tuer, il les invita à une grande chasse, et les conduisit au milieu d'une forêt, où bientôt il se trouva seul avec eux. Là il leur reprocha leur mauvais dessein, et, jetant ses armes loin de lui : « Tenez, leur dit-il, voici votre roi qui se livre à vous, faites ce que vous voudrez. » Devant tant de grandeur d'âme, les deux traîtres, confus, se précipitèrent aux genoux de Luitprand, implorant leur pardon, qui leur fut accordé.

De Monza, nous sommes allés nous promener sur les bords des lacs Majeur, de Côme et de Garde. Puis nous avons visité le champ de bataille de Marignan, déjà célèbre par le combat des géants, ceux de Palestro, de Magenta et enfin celui de Solférino où nous nous sommes arrêtés comme en pèlerinage. J'ai éprouvé une grande émotion à la vue de ces terres arrosées du sang de nos braves soldats. Je les voyais combattre et je me rappelais avec orgueil la bravoure de mes chers compatriotes, pendant cette guerre d'Italie que Napoléon III entreprit en 1859, pour aider les Piémontais à faire cesser la rivalité qui existait entre eux et l'Autriche. Le traité de Villafranca (juillet 1859) donnait la Lombardie à la France, mais Napoléon III la remettait au roi du Piémont (traité de Zurich, novembre 1859). L'Italie nous donnait, en échange de la Lombardie, Nice et la Savoie (1860).

Quand Napoléon Ier, après le traité de Presbourg, fit de tous ses parents autant de rois vassaux, et qu'il créa une nouvelle noblesse, il envoya à Milan, comme vice-roi, le fils de l'impératrice Joséphine, Eugène de Beauharnais. Les deux anciens consuls Lebrun et Cambacérès devinrent ducs

CATHÉDRALE DE MILAN

de Plaisance et de Parme; Élisa, sœur de Napoléon, devint duchesse de Lucques.

Pour revenir sur Milan, nous avons pris le chemin de fer à Peschiéra, qui, avec Mantoue, Vérone et Legnano, forme le fameux quadrilatère.

———

Florence, 15 Janvier 1891.

Nous avons quitté la Lombardie pour la Toscane, et pour nous rendre à Florence, nous avons traversé Plaisance, Parme, Modène, Bologne et Lucques.

Pendant le trajet, nous avons admiré la belle campagne de l'Italie. Tout y est beau et grandiose! Qu'elle est belle avec son ciel bleu et ses vertes prairies, ses bosquets d'orangers, de citronniers et ses immenses parterres d'où s'exhalent de si suaves senteurs.

Enfin, après un assez long, mais bien agréable voyage, nous sommes arrivés dans la ville des Médicis. Il était dix heures du matin, quand Florence parut à nos yeux ravis. Pour y arriver nous avions cotoyé un instant les bords de l'Arnô, et c'est avec ce fleuve, qui brillait au soleil comme une écharpe d'argent, que nous sommes entrés dans Florence. Je n'ai pu retenir un cri d'admiration à l'aspect de cette ville si magnifique et si gracieuse. Elle ressemblait à une immense corbeille de fleurs, tellement les dons de Flore y sont répandus avec profusion. Oh! elle mérite bien son nom : Florence, *Florienza,* comme disent les Italiens.

Nous sommes descendus à l'*Hôtel du Lion-Vert,* et comme j'étais exténué, mon oncle me dit de me reposer pendant le reste de cette journée, afin de préparer nos jarrets pour bien visiter la ville et ses alentours dès le lendemain matin; je suivis son conseil; mais vers six heures, je commençais à m'ennuyer et je priai mon cher oncle de vouloir bien sortir. Il accéda à mon désir, et nous voilà au milieu de la rue; mais où aller? mon oncle ne connaissait pas la ville.

— Ma foi, dit-il, allons droit devant nous, où le hasard portera nos pas.

Et nous marchons à l'aventure, respirant à pleins poumons un air embaumé.

— Ah! que j'aime Florence, disais-je à chaque pas, c'est vraiment la plus belle ville que j'aie encore vue.

Et en effet, après avoir marché pendant un quart d'heure, un panorama grandiose s'offrit à notre vue; nous étions arrivés sur une petite éminence en dehors de la ville, et de là nous voyions Florence à nos pieds. A ce moment le soleil couchant dardait ses rayons de feu sur les dômes des palais et les teignait de pourpre et d'or. Du côté de la campagne, on entendait les oiseaux lancer dans les airs leurs dernières notes du jour, tandis que, du côté de la ville, le tumulte du monde allait toujours croissant, car c'était l'heure habituelle de la promenade des Florentins. Nous nous étions arrêtés pour contempler ce spectacle, et je ne trouvais que ces mots pour peindre mon admiration :

— Que c'est beau, que c'est beau !

— Oh! oui, me répond mon oncle, c'est bien beau, en effet, et je ne m'étonne plus si le doux ciel de Florence a fait éclore tant de génie.

» Les Médicis ont illustré cette ville, et tout ce que tu vois, ces palais, ces églises, ces monuments que nous visiterons demain sont dus à Laurent de Médicis, surnommé le Magnifique, car c'est lui qui, le premier, a encouragé les arts et les sciences, c'est lui qui a donné l'essor au génie.

» Tous les Médicis qui lui succédèrent, eurent comme lui le goût du beau, et Jean de Médicis, Léon X, qui occupa le trône pontifical mérita de donner son nom à son siècle, comme l'avait fait Périclès et Auguste, comme le fit plus tard Louis XIV.

» C'est sous le règne de Léon X que parurent les peintres les plus célèbres de l'Italie : Michel-Ange, peintre, sculpteur et architecte, Raphaël, qui a si bien réussi ses figures de madones et Le Titien qui mérita, par son talent, d'être le favori de Charles-Quint.

— Oui, vous avez raison, mon oncle, répondis-je,

Florence doit être heureuse d'avoir donné naissance aux
protecteurs du génie, mais elle peut s'enorgueillir aussi de
compter des hommes illustres parmi ses enfants, entre
autres le Dante, le génie qui a écrit l'*Enfer*.

Rome, 25 Mars 1891.

Comme à Milan, nous avons passé une semaine entière
à Florence ; nous avons pu visiter toutes les curiosités.

La cathédrale en marbre noir et blanc, est magnifique,
l'église ou baptistère splendide et gracieuse à la fois ; elles
renferment toutes deux un grand nombre de chefs-d'œuvre
des peintres illustres. J'y ai remarqué entre autres, le
tableau de la Sainte-Famille, de Michel-Ange. Mais ce qui
m'a le plus émerveillé dans Florence, c'est le palais Pitti qui
contient la fameuse galerie des tableaux de tous les peintres
italiens ; c'est vraiment magnifique, on ne se lasse pas
d'admirer, on passerait des jours, des mois entiers à contempler ces merveilles. Enfin, je puis dire que j'ai gardé
de Florence, l'opulente ville de Léon X, un souvenir admi-
ratif, c'est la seule expression que je trouve pour rendre
ma pensée. Nous lui avons dit adieu pour pouvoir continuer notre voyage, et arriver à Rome le plus vite possible.

Nous nous sommes arrêtés seulement à Arezzo pour la visiter.

Michel-Ange, et Guy Laretin, inventeur de la gamme, sont originaires de cette ville qui fut fameuse à l'époque des Romains.

Que te dirai-je de mon entrée à Rome.

Jamais, non jamais, vivrai-je cent ans, je n'oublierai l'émotion que j'ai ressentie à la vue de la ville Éternelle !

Depuis Arezzo nous voyageons en voiture découverte, la température le permettant. Il était cinq heures et demie du soir et nous étions, mon oncle et moi plongés dans une demi-somnolence causée par les cahots de notre calessino, quand tout à coup un cahot plus fort que les autres me fit ouvrir les yeux. Je jetai un cri : « Rome! » A ce nom mon oncle se leva, le sommeil avait fui à tire d'aile.

Rome la ville aux sept collines, Rome la païenne, Rome la cité des martyrs, Rome la ville des beaux-arts, était là devant nous, et nos regards ravis se portaient sur ses dômes resplendissants, sur ses palais magiques sans s'arrêter nulle part. Mon oncle alla au devant de mon désir : il fit arrêter la voiture pour me laisser jouir de la première vue de la ville des Papes.

Tout était silence autour de nous dans la campagne romaine comme pour préparer mon cœur aux grandes émotions que je devais éprouver.

Toute l'immensité de cette campagne éclairée encore par un éblouissant soleil formait un délicieux contraste avec la ville de Rome, où tout était bruit et mouvement.

Le Tibre, décrivant une courbe majestueuse, apparaît au loin, et entre dans la ville lentement et avec respect.

Voici le dôme de Saint-Pierre, superbe basilique du chef de l'Église. Voilà Saint-Paul. Plus loin le Capitole, Sainte-Marie-Majeure, Saint-Jean-de-Latran, et enfin tous les superbes monuments qu'il me tardait déjà de visiter et d'admirer.

Nous sommes entrés à Rome par la route du Ponte-Molle, et nous logeons près du Corso, qui est la promenade la plus belle de la capitale de l'Italie, le rendez-vous général des habitants et des étrangers; sans sortir de chez nous, nous avons un spectacle varié et curieux.

Rome est, sans contredit, la plus importante ville de l'univers.

Combien de souvenirs elle rappelle depuis Romulus, qui la fonda en 753 avant Jésus-Christ, jusqu'à nos jours! Que d'événements elle a vus! que de trônes renversés, que de crimes, que de cruautés! Mais aussi que de gloire! En visitant ses monuments, tous les siècles passés se présentaient à mon imagination et je revoyais les Tarquin, César, Pompée, Camille, Coriolan, Auguste, Néron, Domitien, Marc-Aurèle, Dioclétien. Je revoyais le bon Titus et l'infâme Caligula.

CATHÉDRALE DE FLORENCE

Nous avons parcouru Rome en tous sens.

A Saint-Pierre, nous avons vu la confession du chef des Apôtres. C'est là que repose le corps du pêcheur de Génésareth devenu le chef de l'Église catholique. La coupole peinte et construite par Michel-Ange est un admirable chef-d'œuvre ; les plus grands maîtres Raphaël, Murillo, Carrache, le Titien ont rivalisé de talent et de génie pour orner les églises de la ville aux sept collines, aussi les regards ne se reportent que sur des œuvres inestimables.

En sortant de Saint-Pierre, nous avons traversé la belle place qui précède cette basilique. Elle est entourée par des colonnades dues à Bernini le célèbre peintre-sculpteur. Et deux très belles fontaines de chaque côté d'une pyramide ornent la place.

Nous sommes montés ensuite au Capitole, non pas en triomphateurs comme Camille, Manlius et Coriolan, mais en simples curieux.

A l'aspect du capitole, je me suis souvenu de la prise et de la destruction de Rome par les Gaulois, pendant l'exil de Camille, en 390 avant Jésus-Christ ; et de Manlius qui sauva la citadelle de la fureur des vainqueurs.

Ce consul, après avoir combattu inutilement dans Rome, s'était réfugié au Capitole avec le Sénat, et l'élite de la jeunesse romaine.

La forteresse se trouvait assiégée depuis plusieurs mois, et ceux qui y étaient renfermés allaient manquer de vivres. Une nuit, pendant que tous dormaient, ils furent réveillés en sursaut par les cris de ces palmipèdes. C'étaient les Gaulois qui, montant à l'assaut, avaient épouvanté les oiseaux de la déesse. Manlius, à la tête des assiégés, fit des prodiges de valeur, et sauva le Capitole. Il reçut pour cela le surnom de Capitolinus. Sur ces entrefaites, Camille revint de son exil, chassa les Gaulois, fit reconstruire Rome qui reprit son ancien prestige.

Malheureusement Manlius qui, pour sa victoire du Capitole, avait eu les honneurs du triomphe, devint jaloux de la renommée de Camille. Il fit son possible pour amoindrir son pouvoir, commettant même des bassesses pour cela ; mal lui en prit car il fut condamné, par des juges dévoués à son rival, à se jeter du haut de la Roche Tarpéienne qui touchait au Capitole. Et c'est pour cela qu'on dit « La Roche Tarpéienne est près du Capitole », ce qui veut dire que la chute suit souvent de près le triomphe.

Nous nous sommes arrêtés quelques instants sur le Forum où se réunissaient les assemblées romaines.

Après le Forum nous avons été voir le Colisée, immense amphithéâtre où les premiers chrétiens furent livrés à la fureur des bêtes.

Saint-Jean-de-Latran a excité mon admiration. Depuis Henri IV, tous les rois de France étaient de droit chanoines de Latran, et c'est là que se tinrent les principaux des dix-neuf Conciles œcuméniques.

Sainte Marie-Majeure est une des plus jolies églises de Rome. Rien ne saurait dépeindre l'effet produit par ces trente-six colonnes de marbre blanc, cette mosaïque de fleurs qui court sur tous ses murs, ces peintures, ce plafond d'or pur qui fut fait avec le premier or apporté d'Amérique, et qui fut donné au pape par la cour d'Espagne. Tout cela produisit sur nous un effet saisissant.

Je cite aussi parmi les belles églises, Sainte-Marie en Formia parce qu'elle a été construite aux frais de l'illustre général Bélisaire, qui, après avoir possédé une immense fortune, fut réduit à demander l'aumône.

Dans cette église, gravée sur une table en marbre, se lit l'inscription suivante :

Le patricien Bélisaire, ami de la ville, a fondé cette église pour obtenir le pardon de sa faute.

Bélisaire, pour plaire à l'impératrice Théodora, avait fait descendre du trône pontifical, le pape Sylvin, et l'avait envoyé en exil, où il mourut de faim, parce qu'il n'avait pas voulu infirmer les arrêts du concile de chalcédoine, condamnant l'hérésie d'Eutychès. Quelque temps après Bélisaire se repentit de son action, et fit construire Sainte-Marie. Puis lui-même tomba en disgrâce, fut accusé de trahison, dépouillé de ses biens et jeté en prison, où il devint aveugle.

Notre fameux peintre David, du temps de Napoléon Ier, a fait, de Bélisaire aveugle demandant l'aumône, le sujet d'un de ses tableaux les plus en renom.

C'est en vain que mon oncle fit les démarches les plus pressantes pour obtenir une audience du Saint-Père. Ce n'était pas le moment où les pèlerins viennent se jeter aux pieds du successeur de Saint-Pierre et il ne put voir sa demande favorablement accueillie. Ce fut pour lui et moi une grande peine; mais il se promet en septembre prochain, après notre voyage projeté à Lourdes, de t'amener à Rome, et alors il ne doute pas qu'il puisse, avec nous, se prosterner devant le pape roi.

Nous avons visité aussi, à Rome, d'abord le palais Borghèse, qui possède des tableaux de Raphaël, de l'Albane, des Rubens, des Titien et des Jules Romani.

Le palais Barberini, où se trouvent une très riche bibliothèque et des fresques de Pierre de Cortone.

Le palais Farnèse, œuvre de Michel-Ange, avec des fresques d'Annibal Carrache et de Raphaël.

Enfin, les admirables villas Pamphili et Borghèse qui sont d'une richesse inouïe.

Je veux te dire aussi deux mots sur la Villa-Médicis, appartenant au gouvernement français, et dans laquelle il envoie les deux vainqueurs des concours annuels de sculpture et de peinture.

Là ces lauréats, appelés *Prix de Rome,* passent des années aux frais de l'État. Ils perfectionnent leurs talents en

s'inspirant des grands maîtres anciens. Ils sont obligés
d'envoyer tous les ans, pour être placés dans nos musées
nationaux, une de leurs œuvres exécutée pendant cette
période d'études.

Il y a aussi à Rome un grand nombre de salles d'asiles et
d'écoles d'adultes, les couvents, les hospices et les orphe-
linats y sont également nombreux ; enfin cette ville compte
encore parmi ses établissements charitables, un hospice de
sourds-muets et de sourdes-muettes et un asile d'aliénés.

Nous avons terminé notre séjour à Rome par une visite
au Vatican.

Ma plume ne saurait retracer les merveilles de ce palais ;
il faudrait des volumes pour les décrire, cependant je ne
puis faire autrement que d'en rappeler quelques-uns.

D'abord les fameuses loges de Raphaël, puis la bibliothèque qui renferme des œuvres d'arts remarquables, des
petites statuettes représentant des dieux, des camées en
or, argent et en ivoire, des pierres précieuses gravées, des
outils, des mosaïques qui donnent une haute idée de ce
qu'étaient l'orfévrerie et le luxe chez les Romains, une
collection de peintures sur bois de Giotto, des calices en
cristal le plus pur, des instruments de supplices.

Puis le musée où j'ai vu le Laocoon, l'Apollon du Belvé-
dère dû au ciseau de Philéas, la statue la plus vantée de
Rome, et qui passait pour une des sept merveilles du monde,
des tableaux de Raphaël, etc., etc.

Naples, 30 Mars 1891.

Nous étions à Rome depuis deux mois, quand nous l'avons quittée pour Naples. Nous avons fait ce petit voyage par mer, en nous embarquant à Civita-Vecchia. Je redoutais les premières heures de la traversée, et j'avais bien raison; j'ai dû payer mon tribut à mon premier voyage maritime, et je t'avoue que le mal de mer vous rend bien malade.

La capitale des États Napolitains a un cachet tout particulier; ses rues sont dallées de larges pierres noires du Vésuve; elle est bâtie dans une situation magnifique; d'un côté la Méditerranée aux vagues légères, étincelantes au soleil; d'un autre, le Vésuve avec son jet de flammes, ses tourbillons d'étincelles, ses panaches de fumée.

Je ne saurais décrire l'impression que j'ai ressentie à l'imposant spectacle de ce volcan. Il me semblait revoir Pline l'ancien enseveli dans le gouffre béant. Herculanum et Pompéï, ces deux opulentes cités enfouies à tout jamais. Je contemplai, muet, ce phénomène grandiose; on entendait au loin le roulement des vagues, tandis qu'un sourd grondement paraissait sortir des entrailles de la montagne. La brise du soir venait rafraîchir l'air embrasé, c'était le moment sublime où le soleil disparait

ÉGLISE SAINT-SÉVERIN, A NAPLES

dans les flots laissant cette douce clarté qu'on nomme le crépuscule !

En descendant la montagne, nous nous sommes arrêtés à l'Ermitage, où l'on nous a servi ce fameux vin récolté sur les flancs du Vésuve même, et qu'on nomme *Lacrima Christi* : Larmes du Christ.

Aux environs de Naples, nous avons vu le Mont Pausilippe où se trouve le tombeau de l'immortel Virgile.

En visitant Naples, j'ai été étonné du grand nombre de mendiants qui dorment, étendus au soleil, aussi bien sur les trottoirs, sur les marches des églises, qu'au bord de la mer. Mon oncle m'a appris que c'étaient les Lazzarone. Les lazzarone sont en général intelligents, spirituels, espiègles, pas méchants, mais d'une paresse extraordinaire. Quand ils ont mangé (et il leur faut peu de chose), on ne leur ferait pas faire la moindre course, quelque importante que soit la somme offerte. Leur sobriété est connue : ils se contentent de un ou deux sous de macaroni qu'ils achètent tout cuit à des marchands qui se trouvent à presque tous les coins des rues.

Je n'oubliais pas que le royaume de Naples a été conquis en 1266 par Charles d'Anjou, frère de saint Louis (1226-1270) et fils de Louis VIII et de Blanche de Castille.

Plus tard, ce royaume étant au pouvoir de la dynastie d'Aragon, Charles VIII voulut revendiquer les droits de sa

famille, à la couronne de Naples. Il en fit très vite la conquête. Mais il abandonna forcément et définitivement cet
État à Ferdinand II après la bataille de Fornoue (1496)
bien qu'il ait été vainqueur de ses adversaires.

Napoléon Ier fit de Joachim Murat, son lieutenant, et de
son beau-frère, le vice-roi de Naples (1808-1814).

Murat, un des héros de la Moskova, était fils d'un
aubergiste et devait son élévation à son intelligence et à sa
bravoure. Il fut fusillé sous les murs de Pizzo (1815)
après une tentative de révolte contre Napoléon.

Naples vit naître en 1754 un enfant célèbre, fils de ses
œuvres; mis en apprentissage chez un boulanger, il allait
tous les jours porter le pain chez un grand chanteur en
renom à l'heure où l'artiste donnait une leçon de chant à
sa petite fille. L'enfant s'attardait volontiers; le professeur
le questionna, lui reconnut une véritable vocation et
voulut lui donner quelques leçons. L'enfant en profita, le
petit mitron abandonna le pétrin et la pâte, et devint le
grand compositeur Cimarosa.

———

Venise, 25 Avril 1891.

Après un séjour assez long à Naples, nous nous
sommes dirigés vers Venise en passant par Caserte et

Capoue célèbre par le séjour d'Annibal lors de la deuxième guerre punique.

Carthage bâtie en 888 avant Jésus-Christ sur la côte d'Afrique par Didon, sœur de Pygmalion, roi des Tyriens, peuple très commerçant; ne tarda pas à prospérer d'une façon étonnante; ses flottes étaient devenues puissantes et ses armées redoutables, surtout par la valeur de ses généraux.

Rome et Carthage étaient trop ambitieuses pour rester longtemps bonnes voisines; et elles en vinrent aux mains, à propos de la Sicile.

Amilcar Barca, père d'Annibal, disputa à Rome la possession de Messine et de Syracuse, mais Amilcar trahi par Gélon devant Himère qu'il assiégeait, fut tué (228) et ses troupes dispersées. La Sicile était perdue pour les Carthaginois.

Plus tard Annibal, à qui son père avait fait jurer une haine éternelle aux Romains, voulut venger sa mémoire et laver la honte de sa défaite dans le sang de ses ennemis. Il revint en Sicile, et se dirigea sur Rome. Ses troupes se rencontrèrent avec les Romains, d'abord à la Trébie et à Trasimène, où elles furent victorieuses, puis à Cannes. Malgré l'infériorité du nombre, les Carthaginois, qui n'étaient que 5,000 tandis que leurs adversaires disposaient de 86,000 combattants, restèrent encore une fois maîtres du champ de bataille. Au lieu de profiter de la victoire,

Annibal s'oublia à Capoue. Fabius et Marcellus lui reprirent alors la Campanie. Les succès et les revers furent longtemps balancés, enfin Scipion l'Africain triompha de son rude ennemi à la bataille de Zama.

La troisième guerre punique se termina par la prise et la destruction de Carthage par les Romains.

De Capoue nous avons gagné les Abruzzes, en passant par Ponte-Corvo ; puis longeant ces montagnes nous sommes arrivés à Aquila le chef-lieu des Abruzzes ultérieures secondes.

Continuant notre route nous parvenions à Urbin, jolie petite ville, capitale de l'ancien duché d'Urbin, qui a donné naissance à Raphaël. Nous avons vu ensuite Ravenne, capitale de l'exarchat du même nom donné au pape Étienne II, par Pépin le Bref, père de Charlemagne, puis Ferrare, charmante ville archiépiscopale, bâtie sur le Pô, et où Le Tasse, auteur de la *Jérusalem délivrée*, fut détenu pendant de longues années.

En 1598, Clément VII y tint un Concile, et c'est encore là que se trouve le tombeau de l'Arioste, le plus gai des poètes italiens.

En quittant Ferrare nous avons été voir Vérone, Vicence et Padoue, la patrie de saint Antoine.

Nous étions passés par Mantoue, la patrie de Virgile. J'étais ravi d'aller rendre hommage, dans sa ville même, à l'immortel poète qu'on a si bien nommé le *Cygne*

TOMBEAU DE VIRGILE

de Madoue. Et cependant quoiqu'en disent les Man
touans, Virgile est né dans le petit village des Andes,
aujourd'hui appelé Pietole, situé à quelques kilomètres de la
grande ville.

Le jour commençait à peine quand nous entrâmes à
Mantoue. Je saluai avec respect et admiration la statue du
grand poëte, sur la *plaza Virgiliano.* Après quelques heures
de repos, pendant lesquelles mon oncle me fit connaître
l'histoire de la ville, nous sortîmes pour la visiter. Mantoue
est une ville de 30,000 habitants, bâtie sur une île du
Mincio, au xv⁰ siècle avant Jésus-Christ, croit-on. Son
fondateur fut Ornus qui lui donna le nom de sa mère la
prophétesse Mantoua.

Les Gaulois et les Romains s'emparèrent successivement
de cette ville avant les Ostrogoths, les Grecs, les Francs.
Plus tard, elle forma une république, puis devint la capitale d'un duché, et enfin le chef-lieu de la délégation de
Mantoue dans le royaume Lombardo-Venitien. C'est une
des meilleures places fortes de l'Europe.

Nous avons visité le palais du Té ainsi nommé des
avenues qui forment un T. C'est là que Jules Romain a
commencé à montrer son génie d'habile architecte et de
peintre téméraire.

La chambre de Psyché pavée en mosaïque, avec son
plafond peint par Jules Romain, est vraiment splendide,
mais la salle des Géants la surpasse encore en beauté.

La bibliothèque est très belle. Le seul reproche que l'on puisse faire à Mantoue, c'est de n'avoir pas gardé assez de souvenirs de l'auteur de l'*Énéide*. Ses guerres les lui ont tous enlevés.

En visitant le palais ducal, nous avons vu la prison où fut enfermé Orsini, l'endroit où il tomba de quarante pieds de haut, pour s'évader.

Enfin mon oncle, désireux de me faire connaître toutes les principales villes de l'Italie, voulut encore, avant de nous rendre à Venise, voir Bergame et Brescia.

Bergame déploie avec orgueil son beau panorama, sa vallée luxuriante et fertile; ses blanches maisons se détachent gracieusement en amphithéâtre et paraissent plus blanches encore sur le fond verdoyant de la Valteline. Bergame et Mantoue ont à peu près la même population.

La cathédrale, le théâtre, le palais sont des monuments de toute beauté. Bergame a trois sociétés savantes qui font l'orgueil des braves Bergamasques. Nous avons visité ses fabriques de soie, de draps, de laine et ses huileries. Cette ville a vu naître *Bernardo Tasso,* père de *Torquato Tasso.* l'auteur de la *Jérusalem délivrée.*

Venise, le 29 Avril 1891.

A peine étions-nous installés à l'hôtel (un palais, s'il te plaît) que nous vîmes s'avancer vers nous un monsieur très correct qui venait nous offrir ses services comme cicerone.

Mon oncle, ayant l'habitude de prendre un guide, l'accepta, et nous fîmes la remarque, en parcourant la ville avec lui, que ces cicerone étaient, pour la plupart, des polyglottes et des érudits. Ils connaissaient, en effet, beaucoup de langues qu'ils parlent généralement très bien et avec facilité. De plus, ils ont souvent, aussi bien sur l'histoire du pays que sur les œuvres d'art, des aperçus qui ne sont pas vulgaires.

Nous avons commencé par visiter le Palais ducal, ancienne résidence des doges. L'escalier des Géants nous a amenés au Musée, où nous avons admiré les célèbres vues de Venise peintes par Cavaletto, ainsi que des tableaux du Tintoret, tous deux enfants de Venise. Nous avons vu la chambre où se réunissait le fameux Conseil des Dix, le Livre d'or, où sont inscrits tant de noms illustres. Nous avons frémi à la vue des Plombs, cette affreuse prison où Sylvio Pellico a langui si longtemps. Nous sommes passés sous le pont des Soupirs, où se sont terminées tant de vies, où tant d'innocents peut-être sont venus subir l'arrêt prononcé par le terrible Conseil. Nous nous sommes promenés dans ces gracieuses gondoles, conduites par des bateliers plus gracieux encore. Nous avons écouté avec admiration les chants mélodieux des gentilles batelières ; nous avons vu l'endroit où le doge célébrait son mariage avec l'Adriatique en lui jetant un anneau d'or. Enfin nous avons encore visité la splendide basilique de Saint-Marc sur la place du même nom. Avant de pénétrer dans l'édifice, nous nous sommes arrêtés quelques instants sur le parvis, pour suivre le vol des innombrables pigeons qui ont élu domicile sur ce petit coin de terre ferme.

Saint-Marc, aux cinq coupoles, est du plus pur style byzantin ; elle possède des marbres d'Orient ; ses sculptures et ses mosaïques sont très anciennes ; les plus récentes datent du xviiie siècle. Ses cinq cents colonnes, les unes en porphyre, les autres en serpentine et en vert antique, la rendent des plus curieuses et des plus riches, car le porphyre et la serpentine sont des pierres précieuses. Les dorures et les bronzes de cette basilique sont également fort beaux. C'est en Grèce et à Constantinople que ces richesses ont été recueillies. Toute l'église, les voûtes, le pavé, les côtés latéraux, aussi bien ceux de l'intérieur que ceux de l'extérieur, et la façade, sont incrustés de belles mosaïques qui lui donnent un grand cachet et la font ressembler à Sainte-Sophie de Constantinople.

GRAND CANAL A VENISE

Tous les édifices de Venise, ou presque tous, sont dans un grand état de délabrement, et, ce qui est attristant, c'est de voir le peu de cas que font les Vénitiens de tous leurs palais. Dans quelques-uns, superbes par leur ancienneté et leur architecture, dont les murs et les plafonds sont encore ornés de peintures dues aux meilleurs maîtres italiens, la municipalité a installé des écoles ; les bambins, sans se soucier de ces chefs-d'œuvre, crayonnent ou bombardent ces peintures avec des boulettes de pain ou de flèches de papier préalablement trempées dans l'encre.

Nous étions heureusement à l'époque du carnaval si vanté dans l'univers entier. Des fenêtres de notre hôtel, donnant sur la place Saint-Marc, nous pouvions voir déboucher le défilé sur la place.

La foule y était très nombreuse, et c'étaient des cris de joie, des rires, des *canzonnetta* qui montaient dans l'air calme et pur comme de joyeuses fanfares.

Enfin les masques arrivent, non sur des chars, ainsi que dans les autres villes, mais à pied, puisqu'ils sont obligés d'abandonner leurs gondoles un instant pour faire le tour du parvis Saint-Marc, après quoi ils vont les reprendre et continuent leur promenade le long des canaux.

Ah ! si tu avais vu, cher Cousin, la profusion de bouquets et de dragées qui étaient lancés partout par des pierrots, des arlequins, des seigneurs de tous les siècles

et de tous les pays, par de ravissantes bergères, de pim-
pants bergers, comme nous, tu aurais été surpris et
charmé. Nous avons vu le doge et son superbe cortége.
Je serais resté longtemps encore à contempler ces merveilles, mais tout a disparu; les masques ont regagné
leurs gondoles, et la foule s'est portée sur d'autres points
de Venise, pour les revoir encore.

L'oncle Paul avait loué une fenêtre sur le grand canal,
pour assister au défilé des gondoles; nous nous y rendîmes
vers le soir. A peine y étions-nous que les gondoles
commencèrent à paraître au loin sur le canal. Toutes les
façades des maisons étaient garnies de curieux, et l'apparition des barques fut saluée par de nouveaux cris de joie.
Le tableau offert par toutes ces barques luxueusement
décorées et éclairées *a giorno* par des verres de toutes
couleurs, des lanternes vénitiennes, des feux de Bengale,
des torches, est merveilleux et inoubliable. Presque tous
les masques sont munis de longues perches, au bout
desquelles ils mettent des bouquets qu'ils offrent aux
dames.

Enfin les gondoles ont fui les unes après les autres, et
le silence s'est fait sur le grand canal.

Venise possède un commerce considérable; elle fait
l'exportation des bois de construction qui sont tirés des
forêts de Cadore, et des chanvres qui lui arrivent de la
Romagne. Elle a des manufactures de soie, de bougies, de

cire; des salines, des fabriques de savon, des tissages, des
filatures et des raffineries de sucre. La bijouterie artistique, sa verroterie noire, connue sous le nom de Perles
de Murano, et ses glaces, ont un renom fameux dans le
monde entier.

———

2 Mai 1891.

Nous nous sommes embarqués le mardi matin pour
Trieste. Notre petite traversée, qui a duré sept heures
environ, a été assez heureuse; un temps splendide nous a
favorisés; j'étais enchanté de ce nouveau voyage en mer.

Nous avons débarqué au chef-lieu de l'Illyrie, à midi.
Trieste est une ville populeuse qui compte plus de 100,000
habitants; elle est située au fond du golfe qui porte le nom
de cette ville, à environ 215 kilomètres de Venise. Sa
population est essentiellement cosmopolite.

La ville est partagée en deux : la vieille ville et la ville
neuve, séparées par la rue du Corso, large boulevard planté
d'arbres.

La vieille ville est bâtie en amphithéâtre sur les flancs
de la colline, au sommet de laquelle un château-fort, appelé
le Castello, domine la ville entière et le port.

La ville neuve, à son tour, est divisée également en

deux parties par un canal, sur lequel est jeté un beau pont :
le *Ponte Rosso,* ou Pont Rouge. Trieste possède de beaux
monuments qui la rendent très pittoresque. Dans une des
chapelles de la cathédrale San Giusto, en style roman,
élévée près du Castello, on voit le tombeau de don Carlos
(comte de Montémolin), qui, pour soutenir ses droits au
trône d'Espagne, fit la première guerre carliste. Nous avons
visité la belle Bibliothèque, qui renferme plus de 30,000
volumes ; le Musée géologique et l'Arsenal maritime conduits
par le directeur de la Compagnie *le Loyd,* avec lequel mon
oncle avait à débattre certaines questions d'affaires. Comme
Pola, en Istrie, le premier chantier de l'État pour les
constructions navales de guerre, Trieste a également des
chantiers remarquables pour la marine marchande ; elle est
la première place de commerce de l'Autriche.

En rentrant à notre hôtel, nous nous nous sommes assis
quelques instants sur un des bancs du Corso ; mais le siroco
qui commençait à souffler, nous a vite obligés à partir ;
tout en causant, mon oncle m'avait fait savoir que la capitale des provinces Illyriennes avait été, elle aussi, détruite
lors de l'invasion d'Attila, et qu'à peine reconstituée, Charlemagne, roi de France (768 à 814), vint en faire la
conquête pendant les moments de liberté que lui laissait sa
longue guerre contre les Saxons, guerre qui se termina en
804 par la soumission de Vitikind, l'intrépide défenseur
de la Saxe

CATHÉDRALE DE SAINT-ÉTIENNE, A VIENNE

— Puisque je t'ai parlé de Charlemagne, ajouta l'oncle Paul, je dois aussi te rappeler que c'est également pendant les différentes trêves de la guerre saxonne que ce roi battit à Pavie le roi lombard Didier, son beau père. Il guerroya encore contre les Arabes d'Espagne, qu'il fut obligé d'abandonner pour courir sus aux Saxons qui s'étaient de nouveau révoltés.

C'est en repassant les Pyrénées que l'arrière-garde de son armée commandée par son neveu le paladin Roland, fut attaquée par les basques espagnoles dans la vallée de Roncevaux, à l'endroit qu'on nomme aujourd'hui le Pas de Roland.

Le neveu de l'Empereur d'Occident y fut tué, après s'être vaillamment défendu avec sa fameuse épée Durandal, restée légendaire. . . . .

. . . .

Plus tard, Trieste fut livrée au duc de Frioul et subjuguée par les Vénitiens jusqu'au règne de Maximilien.

Charles VI l'affranchit, et Marie-Thérèse, sa fille, lui donna d'utiles institutions.

Une visite que nous fîmes au château de Miramar, baigné par l'Adriatique et construit par Maximilien, empereur du Mexique, fut, pour mon oncle, l'occasion de me raconter en peu de mots la guerre de 1863.

Juarez, Président de la République mexicaine, ayant refusé d'admettre certaines réclamations de négociants français, une expédition fut décidée par le gouvernement de Napoléon III.

L'armée française prit Puébla et Mexico, et renversa Juarez. Maximilien, prince autrichien, fut élu empereur du Mexique. Mais après le départ des troupes françaises exigé par les États-Unis, les Mexicains le fusillèrent en 1867.

L'impératrice Charlotte, sa veuve, devenue folle à la suite de ces tristes et regrettables événements, vint habiter ce magnifique domaine pendant quelque temps.

Nous étions à Trieste depuis huit jours, et nous comptions la quitter le lendemain pour nous diriger sur Vienne, quand malheureusement mon oncle a été pris, dans la nuit, de rhumatismes qui l'ont tenu au lit pendant quinze jours. J'ai passé mes journées à faire la lecture, à mon cher oncle, des journaux de France, et le plaisir d'avoir des nouvelles de notre bien aimé pays lui faisait un peu oublier son mal.

A Vienne, où nous sommes depuis quinze jours, nous avons eu jusqu'à présent beaucoup de distractions inattendues.

D'abord, nous avons assisté à un concert donné à l'Opéra au profit des habitants d'une commune sinistrée.

A ce concert, nous avons applaudi les remarquables compositions de Strauss, exécutées par le célèbre orchestre de l'Opéra; un de nos meilleurs artistes français, Faure, qui, se trouvant à Vienne, n'a pas hésité à prêter son concours à une œuvre de charité ; enfin une jeune et déjà célèbre cantatrice de théâtre a ému la salle entière en chantant des mélodies lithuaniennes, des *daïnos*.

Ton père y ayant rencontré plusieurs commerçants français qu'il avait fréquentés en Amérique, ces messieurs ont organisé un pique-nique dans une des charmantes îles du Danube qui avoisinent la capitale de l'Autriche.

Nous nous retrouvons le lendemain, tous plus ou moins chargés, au rendez-vous au bord du fleuve, où le batelier nous attendait ; pour ma part, je portais une dinde truffée, qui devait éclipser le premier dindon mangé en France à la noce de Charles IX et d'Élisabeth d'Autriche, en 1570.

Mon oncle portait avec grand soin une caisse, où dormaient enveloppées dans leurs chemises de paille une demi-douzaine de bouteilles de vieux vins de différents crus ; de plus, il avait en bandoulière une sacoche dans laquelle se trouvaient, en compagnie des fourchettes, couteaux et gobelets, un énorme saucisson de Lyon, et une terrine de pâté de foie de Périgueux.

C'est te dire que nous n'avons pas jeûné ce jour-là ; mais ce qui m'a amusé surtout, ce furent les histoires racontées au dessert.

Le temps était splendide, et il faisait vraiment bon sous les arbres ombrageant cet îlot du Danube aux eaux d'azur.

Devant nos yeux s'élevaient les coteaux de Vienne,

couverts de riantes habitations; aussi la vue de ce charmant paysage, la douce température de cette journée de printemps, et les bons vins aidant, mirent bien vite en train la verve de chacun.

L'un de nos compagnons de bombance nous a conté une aventure qui lui est arrivée pendant son séjour en Amérique, en traversant les Pampas, où il a eu affaire à une bande d'Indiens Puelches et Pamperos. Ce n'est qu'à force d'habileté et de courage, mais aussi grâce au dévouement d'un serviteur d'une autre tribu indienne, qu'il est parvenu à se tirer sain et sauf de cette aventure. Je ne te la raconte pas, car mon récit serait vraiment trop long; d'ailleurs, je me réserve ce plaisir pour le retour. Quand mon tour arriva, je fus bien embarrassé; mes années passées jusqu'ici sur les bancs du collège étant blanches de toute aventure; mais je n'en fus pas quitte pour cela.

— Puisque vous n'avez rien à nous raconter, me dirent nos amis, vous allez nous chanter quelque chose.

Me faire prier eût été ridicule, et sur les conseils de mon oncle, j'entonnai la chanson de Paul Déroulède : *Le Clairon*.

J'avoue que la chanson n'était guère de circonstance; mais je ne sais pourquoi, depuis que je me trouve en pays étranger, le souvenir de ma chère France me revient toujours, et je trouvai très naturel de chanter quelque chose de patriotique sur les bords de ce fleuve où avait retenti jadis

PALAIS DE LAZIENSKY

le son des clairons français ; il faut croire qu'on fut de mon
avis, car je reconnais sans orgueil qu'ils ne m'ont pas
ménagé leurs applaudissements.

Le soir nous surprit encore sur notre îlot ; mais, ne
voulant pas, nouveaux Robinsons, coucher à la belle étoile,
nous sommes tous rentrés dans nos hôtels respectifs,
enchantés de notre agréable journée, et nous donnant rendez-
vous pour le dimanche suivant.

Plusieurs de nos compatriotes avaient proposé une
promenade à Presbourg ; mais Essling qui célébrait ce jour
sa fête patronale lui fut préféré.

Du reste, Presbourg, comme Essling, nous rappelle des
victoires françaises du commencement de l'Empire, puisque
c'est à Presbourg, après les victoires d'Ulm (octobre 1805)
gagnée sur les Autrichiens, et d'Austerlitz remportée sur
ces derniers réunis aux Russes (décembre 1805), que fut
signé le traité par lequel l'Autriche abandonnait à Napoléon, d'abord les États Vénitiens, avec l'Istrie et la Dalmatie
qui furent annexées à l'Italie, puis le Tyrol et la Souabe que
Napoléon réunit à la Bavière et au Wurtemberg. Ce sont
tous ces États, formés en autant de royaumes, que l'Empereur
donna à ses favoris.

La bataille d'Austerlitz, qui consacra l'Empire et qui fit
tomber Vienne au pouvoir des Français, fut gagnée juste
un an jour pour jour après le sacre de Napoléon par
Pie VII.

Malheureusement, si nos armées étaient victorieuses à Ulm et à Austerlitz, notre flotte, commandée par l'amiral Villeneuve, subissait à Trafalgar, à la même époque, un désastre complet infligé par les Anglais ayant Nelson à leur tête. . . . .

. . . .

Cette semaine fut consacrée à visiter Vienne, ses musées, ses édifices, ses nombreuses promenades et ses places.

Sur une de celles-ci, la place Joseph, nous avons vu la statue équestre en bronze de Joseph II, dont la bonté est restée proverbiale.

Sur la place du Hof, nous avons admiré une statue colossale de la Sainte Vierge. Nous nous sommes encore promenés sur le Graben, boulevard central, rendez-vous du beau monde et des élégants viennois. C'est sur ce boulevard que s'élève le plus beau monument de Vienne : la cathédrale Saint-Étienne.

Le Prater, ou Bois de Boulogne viennois, mérite d'être visité, car il est bien aussi agréable que notre Bois de Boulogne parisien. Des concerts, des jeux variés y sont installés et attirent une foule énorme.

Le Ring est un magnifique boulevard construit sur l'emplacement des anciennes fortifications, où se rencontrent les principaux monuments : le Palais-Impérial, ou Hofburg, qui, entre parenthèses, est loin de valoir nos Tuileries ; le Palais de justice ou Rathaus, et l'Opéra.

Dimanche, ainsi qu'il était convenu, tous les amis de mon oncle étaient au rendez-vous, à cheval, à dix heures du matin, pour nous rendre à Essling, après avoir entendu la messe à la cathédrale.

C'était une belle matinée de mai qui promettait d'être un peu chaude. L'oncle Paul ne souffrait plus de rhumatismes et était de la plus charmante humeur.

Je ne me lassais pas d'admirer les jolies propriétés qui sont éparses çà et là sur la route. Nous avons parcouru trop vite, à mon gré, les neuf kilomètres qui séparent la capitale du village où nous nous rendions, et cependant nous avions laissé la bride sur le cou de nos montures, qui semblaient jouir comme nous de la beauté de ce matin.

Tout le long du trajet, nous rencontrions des groupes de paysans et de paysannes endimanchés se rendant à la fête ; les jeunes gens, avec leurs vestes et leurs chapeaux garnis de rubans multicolores, les jeunes filles avec leurs longues tresses brunes, leurs jupes courtes, leurs corsages de velours ornés de fleurs et de rubans.

Bientôt nous arrivâmes à Essling. Oh ! le joli village, et quel glorieux souvenir il rappelait à nos cœurs français ! Comme la pensée de la patrie absente nous revenait plus chère en voyant cet endroit où les 21 et 22 mai 1809, Napoléon Ier avait remporté une si brillante victoire sur l'archiduc Charles. Mais aussi au prix de quels sacrifices !

13,000 de nos frères, avec les généraux Saint-Hilaire et Lannes (ce fils d'un teinturier parvenu par sa valeur à un aussi haut grade), y étaient tombés pour ne plus se relever, et les résultats de cette bataille étaient nuls pour la France.

J'avais arrêté mon cheval, et je revoyais l'armée de l'Empereur dans l'ile Lobau, nos soldats jetant des ponts sur le Danube, puis abandonnant l'ile pour aller culbuter un peu plus loin les Autrichiens à Wagram (juin 1809). Enfin j'assistai à l'entrée triomphale de Napoléon dans Vienne.

Je fus tiré de ma méditation par les sons d'une musique champêtre; c'étaient les jeunes villageois qui se rendaient, après leur déjeuner, sur la place publique où les jeux les attendaient.

Sur la place, il y avait des mâts de cocagne, des courses en sacs, des tirs aux pigeons, et une quantité d'autres jeux. Enfin, sous une immense tente, la musique d'Essling commençait à faire entendre ses morceaux les plus entraînants.

Nous avons laissé tout ce jeune monde, pour aller déjeuner tranquillement dans un restaurant de l'endroit. Pendant le repas, la conversation a roulé naturellement sur les guerres du premier Empire. J'ai entendu dire que la fameuse bataille de Wagram nous avait valu, par le traité signé à Vienne le 14 octobre 1809, les provinces Illyriennes

GROSSE CLOCHE, A MOSCOU

avec Trieste pour capitale, et que, quelque temps après cette bataille, l'illustre Corse qui régnait sur la France avait failli être assassiné à Schœnbrunn par l'étudiant Staps, membre d'une société secrète allemande. C'est à cette époque que Napoléon décida son union (1800) avec Marie-Louise d'Autriche, fille de François II, dont il eut, l'année suivante, un fils qui reçut en naissant le titre de *Roi de Rome*. J'ai appris également qu'avant son mariage avec Marie-Louise, Napoléon eut des démêlés avec le Pape. Celui-ci, refusant de se soumettre aux volontés de l'Empereur, Bonaparte fit envahir les États pontificaux et Rome. Excommunié pour ces faits, Napoléon fit arrêter Pie VII et le fit emporter d'abord à Savone, puis à Fontainebleau pendant cinq années.

Dans l'intervalle des traités de Presbourg et de Vienne, l'ancien consul battit les Prussiens à Iéna (1806), pendant que le général Davoust remportait également sur eux la victoire d'Auerstaedt, après laquelle les Français entrèrent en vainqueurs à Postdam et à Berlin. De cette capitale, Napoléon promulgua son décret de blocus continental contre les Anglais.

En 1807, l'Empereur remportait sur les Russes les batailles d'Eylau et de Friedland, après lesquelles la paix de Tilsitt est intervenue.

Enfin il fit la guerre d'Espagne, et plaça son frère Joseph sur le trône de l'Ibérie.

10

Après déjeuner, nous nous rendîmes à un tir aux pigeons. Comme mon amour-propre de Français et de collégien était en jeu, j'ai déployé toute mon adresse, et j'ai été assez heureux. Sur dix lâchers, j'ai abattu sept pigeons, aux grands applaudissements de la foule, et surtout de mon oncle et de ses amis. Il est vrai de dire que dès que mon âge le permit, j'ai eu des fusils entre les mains, et qu'au collège j'étais un des plus forts pour les exercices physiques et d'adresse, bien que ma santé laissât à désirer parfois.

Je rapporterai comme souvenir de la fête d'Essling le diplôme que le jury du concours de tir m'a décerné.

Tard dans la soirée, nous reprîmes le chemin de Vienne, et, ma foi, je retrouvai mon lit avec plaisir, car le cheval m'avait bien fatigué.

Aujourd'hui, après avoir dit adieu aux amis, nous quittons la capitale autrichienne en compagnie de M. Alix, l'un des amis de mon oncle, qui se rend à Moscou. Quant à nous, le terme de notre voyage sera Cronstadt.

Lundi 1ᵉʳ Juin 1891, sept heures du matin.

Le train nous emporte loin de Vienne. Penché à une des fenêtres de notre compartiment, je jette un dernier regard

sur la ville qui disparait bientôt; nous sommes alors en
pleine campagne, et je ne cesse de m'extasier devant
cette agreste Moravie; à ma droite, dans le lointain,
j'aperçois les hautes montagnes des Carpathes, couvertes
de noires forêts; entre celles-ci et la ligne ferrée serpente,
au milieu de belles prairies, la rivière « la Marche » ou
Morawo; à gauche, s'étendent à perte de vue des plaines
parsemées ça et là de petits mamelons boisés, au milieu
desquels se trouvent le petit village d'Austerlitz, et, plus
loin encore, dans la direction des Monts de Moravie, faisant suite aux Monts de Bohême, la capitale de la charmante province morave.

Nous passons ensuite entre les Monts Sudètes, dans
la Silésie autrichienne, qui a pour capitale la ville forte de
Troppau; puis dans la province de Cracovie, qui autrefois
faisait partie de la Pologne; pour arriver à Varsovie.

Bâtie sur la Vistule, l'ancienne capitale de la Pologne
compte environ 300,000 habitants. Parmi les beaux
édifices qu'elle renferme, j'ai remarqué l'Université et
l'Archevêché. La cathédrale est aussi fort belle.

Comme Trieste, Varsovie a sa ville neuve et ses anciens
quartiers; elle est dominée par l'immense citadelle
d'Alexandre; les allées d'Uzjadoff, promenade publique,
rivalisent avec le Prater de Vienne; à l'extrémité des allées
se trouve Bagatelle, lieu de divertissement très fréquenté;
les rues et les places publiques sont magnifiques. Nous

avons visité le palais Krasinsky, habité aujourd'hui par
le gouverneur général, qu'on appelle ici le *uarniëstnick*
du royaume. Ce palais est fort beau; je préfère cependant
le palais Zamet bâti par Sigismond III, mais qui doit sa
magnificence à Stanislas. Les salles en sont splendides,
et c'est là que se trouvent les archives de la Pologne.
Nous avons été voir le château de plaisance du roi Stanislas, le château de Leczinski; dans le parc même sont
construits de jolis palais et de ravissantes habitations;
mais ma promenade au parc des Lapins, ou *Krolokarinia,*
m'a plu davantage. C'est un parc de toute beauté, avec
une gracieuse villa contenant une riche galerie de tableaux.

Nous n'avons pu quitter Varsovie sans voir le village
de Wala, où se trouve le champ d'élection sur lequel
avait lieu autrefois, en plein air, l'élection des rois de
Pologne.

Nous sommes passés hier à Grodno, chef-lieu de la
province du même nom, mais sans nous y arrêter, et
c'est à peine si nous resterons deux jours à Vilna, car le
temps presse. Nous abandonnerons la voie ferrée pour
aller en voiture jusqu'à Moscou, en suivant la route par-
courue par l'armée française pendant la campagne de 1812.

LE CZAR ALEXANDRE III

Vilna. 12 Juin 1891.

  Mon cher Cousin,

Nous voici à Vilna depuis hier. Le chef-lieu de la Lithuanie est peuplé d'environ un millier d'habitants. Après avoir vu le vieux palais Radziville, les deux principales églises catholiques et l'église grecque, nous nous sommes occupés de trouver un *briska,* autrement dit une calèche et un cocher; demain nous partons. Il est entendu qu'on attèlera à la voiture trois bons petits chevaux du Kasan, et que deux hommes de confiance nous accompagneront.

Moscou, 28 Juin 1891.

Mon cher Cousin,

Malgré mon désir d'écrire au jour le jour mon journal, il m'a été impossible de le faire à Smolensk. Voici quarante-huit heures que nous sommes arrivés à Moscou. Nous n'avons pas encore vu la ville, car l'oncle Paul me fait

garder la chambre, afin de guérir un rhume que j'ai gagné
en voiture. J'espère que j'en serai vite débarrassé ; d'ailleurs,
je vais déjà beaucoup mieux, et Moscou m'a paru une ville
si pleine d'attraits que j'ai hâte de la connaître.

En attendant, je vais te dire les villages historiques que
nous avons traversés de Vilna à Moscou, dont la distance
est d'environ 200 lieues.

Les ardents petits poneys attelés à notre briska nous
entraînaient avec rapidité, tantôt sur un terrain légèrement
ondulé, tantôt à travers les steppes de la Russie, que
j'étais enchanté de voir, moi qui en avais lu la des-
cription dans les ouvrages si instructifs et si amusants de
Jules Verne.

Le premier soir, nous avons couché dans une auberge de
Smorgon, sur la Vilia, affluent du Niémen.

J'ai été surpris de la piété avec laquelle les mougiks, ou
paysans russes, font leur prière du soir, en se prosternant
devant les images des Saints.

Le lendemain, après une nuit passée dans un bon lit aux
draps bien blancs, nous nous sommes installés le plus
commodément possible dans la voiture, et son attelage
toujours avec la même allure vive, qu'il conserva pendant
toute la durée du voyage, nous a transportés dans la même
journée à Borizor sur la Bérézina, affluent du Dniéper.
Nous avons traversé la Bérésina à Studzianka, où, de triste
mémoire, plus de 30,000 de nos braves soldats trouvèrent

la mort au passage de cette rivière (26 décembre 1812),
lors de la fatale retraite de Moscou.

Les jours suivants, nous atteignions Orcha, un peu au-
dessus de Mohilew, puis Krasnoï et Smolensk, à mi-chemin
de Moscou, où nous avons dû nous arrêter deux jours pour
réparer notre véhicule. Nous avons profité de ce temps
d'arrêt forcé pour nous promener dans la ville. C'est une
place forte sur le Déniéper, qui renferme des fabriques.
En somme, c'est une ville qui nous a peu intéressés et que
nous avons quittés sans peine pour nous acheminer vers
l'ancienne capitale de la Russie, où nous sommes arrivés
après avoir stationné quelques heures dans Valoutina,
Dorogobouj, Viazina, Borodino, sur la Moskova, Mojaïsk,
à gauche de Kalanga et de Malojaroslavetz.

Nous n'avions mis que quinze jours, y compris nos
stations, pour traverser les provinces de Vilna, Minsk,
Mohilev et Smolensk, et pourtant j'étais heureux d'arriver
au terme de ce voyage, qui, à la fin, devenait fatigant à cause
du peu d'élasticité des ressorts de notre voiture et du
mauvais état des routes à certains endroits.

Nous aurions cru manquer à notre devoir, si avant
d'atteindre Moscou nous n'étions allés, pendant notre halte
à Borodino, déposer une couronne et des fleurs sur l'ossuaire
des braves des deux pays, morts pour leurs patries. Quelle
hécatombe que cette bataille de la Moskova ! Napoléon mit
en lignes, ce jour-là, ce qui lui restait de sa grande armée,

c'est-à-dire 130,000 hommes, et plus de 500 bouches à feu. Les Russes, de leur côté, lui opposèrent 140,000 soldats résolus. Aussi avec de pareilles troupes toutes prêtes à faire payer chèrement leur vie, la lutte fut-elle extrêmement violente, longue et sanglante. Russes et Français revinrent plusieurs fois à la charge ; à la fin, les Russes succombèrent.

Ce fut à la fin de cette journée qu'eut lieu la belle charge des cuirassiers du général de Montbrun.

Cette victoire coûta à la France au moins 10,000 tués et 20,000 blessés. Deux généraux y succombèrent, de Montbrun et de Caulaincourt, des cuirassiers, en même temps que plusieurs étaient blessés, Friant et Davoust entre autres. Les Russes avaient perdu le prince Bagration, leur meilleur général, et plus de 60,000 soldats.

Jamais jusqu'alors on n'avait eu à enregistrer une bataille aussi meurtrière.

Les héros de la journée furent : Ney, surnommé par les Russes le *Brave des braves,* et Murat.

Enfin, le 28 de ce mois, nous avons fait notre entrée dans la ville sainte, fondée vers le milieu du xii° siècle par Georges Dolgorouky. Il était environ deux heures après-midi ; un brillant soleil inondait la ville de ses rayons et faisait étinceler les dômes de cuivre doré des églises. Debout dans notre briska, nous admirions Moscou. Bâtie dans une contrée des plus pittoresques, elle est environnée

de collines dont la riante verdure fait valoir encore les beaux
édifices de cette immense cité qui mesure 40 kilomètres de
pourtour. Tout au haut de ces collines s'élèvent de magnifiques couvents, de belles églises, car les Russes sont très
religieux. Puis Moscou s'étend graduellement sur le penchant

MOSCOU

de ces petites montagnes en rues étroites et tortueuses,
pavées d'après le système de l'Anglais Mac-Adam. Cette
inégalité du sol donne à la ville un charme tout particulier.
Notre ami M. Alix, qui est déjà venu plusieurs fois à
Moscou pour son commerce de blés, nous a dit qu'elle se
partage en cinq parties : le quartier du Kremlin, le Kitaï-

Gorod (ville chinoise) ; Gostinnoï-Dror, le Beloï-Gorod (ville Blanche) et le Zemlianoï-Gorod.

La Moskova, qui est navigable, traverse Moscou et se jette dans l'Oka, à Kolomna (province de Riazan). Par ces rivières, l'ancienne ville des Czars communique avec le Volga à Nijni-Novogorod; aussi son commerce est-il très étendu.

En attendant toujours que ton bon père me permette de sortir, je contemple par la fenêtre de ma chambre le superbe tableau que j'ai devant les yeux, et j'assiste aux défilés de troupes qui se rendent aux exercices.

———

Moscou, 2 Juillet 1891.

Mon cher Cousin,

Nous sommes revenus, il y a une heure à peine, de notre première excursion dans la ville aux quatre cents clochers. Hier, mon bon oncle n'a pas cru pouvoir me permettre de sortir; mais enfin, ce matin vers huit heures, par un temps à souhait, nous nous sommes dirigés vers la cathédrale de l'Assomption, que nous désirions connaitre d'abord. Cette église de style byzantin et tartare, a été construite par le célèbre architecte polonais Fioravinti au xve siècle, je crois.

MOSCOU. — VUE DE KREMLIN (PRISE DU PONT SAINT-PIERRE)

Nous avons admiré ses murailles couvertes de fresques, ses coupoles en cuivre doré et à l'intérieur l'iconostase, sorte de grand écran à trois portes recouvert d'images de saints et enrichi de pierres précieuses. Le couronnement des Czars avait lieu dans cette église, où nous avons pu voir encore les tombeaux des premiers pasteurs russes, ainsi que ceux des métropolitains.

En sortant de la Cathédrale, mon oncle, qui s'était décidé à ne voir que les lieux saints aujourd'hui, m'a conduit dans les Églises principales. L'archange Saint-Michel et l'Annonciation sont très belles. La visite à Saint-Nicolas m'a intéressé ; j'ai compté dans les étages de son clocher jusqu'à trente-deux cloches de grosseurs différentes qui font entendre de joyeux carillons les jours de fêtes. La fameuse cloche les éclipant toutes, dit-on, donna le signal de l'incendie du Kremlin.

Je n'en finirais pas si je voulais décrire toutes les basiliques que nous avons visitées ; ce que je puis te dire, c'est qu'elles sont toutes très curieuses, très bien ornées et très riches.

Je ne suis pas fâché de ma journée ; ce que j'ai vu de Moscou aujourd'hui me promet beaucoup d'agrément pour ce qui me reste à voir. Aussi je finis en te disant, comme dans les histoires de journaux, la suite à demain.

Moscou, 3 Juillet 1891.

Je crois maintenant que, après la France et les Français, bien entendu, de tous les pays que j'ai parcourus et les peuples que j'ai pu apprécier, le pays que je préfère et le peuple que j'aime par-dessus tout, ce sont les Russes et leur patrie. Leur caractère est bon et franc ; leur cœur, grand et noble, digne en tous points d'être les meilleurs amis que puissent choisir la France et les Français. Quelle amabilité, quel bon accueil nous avons trouvé partout !

M. Alix nous a fait connaître d'un professeur de l'Université de Moscou, M. Bertram ; ce Monsieur est d'origine française, mais il habite la Russie depuis son enfance, c'est te dire que nous avons eu en lui le meilleur des cicérone pour guider nos promenades à travers les curiosités de la ville. Il nous a d'abord fait voir le Kremlin, l'ancien palais des Czars, de style byzantin et italien, construit sur la plus haute colline de Moscou, sous Ivan III. Ce monument donne son nom à un des cinq quartiers de la ville. Il fut brûlé, le 7 août 1812, par l'ordre du général russe Rostopchine, qui fit également mettre le feu aux quatre coins de la vieille cité, préférant la voir en cendres que livrée aux troupes de Napoléon Ier.

Du Kremlin, nous nous sommes rendus à l'Université, qui est très célèbre, et qui a eu pour fondatrice Élisabeth

Petrowna, fille de Pierre le Grand. C'est un superbe et immense bâtiment précédé d'un beau jardin. Je lui préfère l'École des Cadets, que nous avons vue ensuite. Tout ce qui touche au soldat me plaît, car j'espère bien un jour entrer à notre École militaire de Saint-Cyr, et devenir, moi aussi, un fier cadet français.

Nous avons encore visité le palais des Armes et le palais Granovikia ; tous deux sont très beaux et méritent qu'on s'attarde dans leurs salles.

Le grand bazar le Raidki, qui se trouve sur la place Rouge, dans le quartier de Kitaï-Gorod m'a vivement intéressé ; on trouve là tous les objets de vente réunis, depuis la plus belle bijouterie et les plus riches étoffes de soie jusqu'aux produits les moins coûteux de l'épicerie. A côté du thé russe et du thé chinois, on voit la garance du Caucase. Dans ce bazar, on peut se fournir de tout, je n'ai pu résister à la tentation, et j'ai acheté plusieurs petits souvenirs. J'ai choisi, pour maman, toute une garniture de manteau au renard bleu ; pour mon père chéri, une paire de pantoufles brodées avec des soies de Géorgie, et une énorme pipe avec des tabacs russe et asiatique. Pour toi, mon petit cousin, je t'ai pris... voyons devine un peu, je te le donne en cent, je te le donne en mille ; y es-tu ? Non ?... Eh bien, toute réflexion faite, je ne veux pas te le dire, j'aime mieux te laisser le plaisir de la surprise quand nous nous retrouverons à Paris.

Après avoir fait nos emplettes, nous nous sommes rendus à l'Arsenal et à la fonderie de canons, où nous sommes restés jusqu'à l'heure du dîner. Je suis bien fatigué, mais je puis m'écrier, comme l'empereur romain Titus : « J'ai bien rempli ma journée. »

Toutefois, n'ayant pas fini de visiter cette superbe ville, mon oncle a décidé, ce soir, d'y demeurer encore quelques jours, pour aller à l'Exposition, où nous rencontrerons bon nombre de nos chers compatriotes, et peut-être, s'il n'est déjà reparti, le fameux Landais, Sylvain Dornon, qui fit sur ses échasses le trajet de Paris à Moscou en quarante-trois jours.

Nous y ferons une visite rapide, car mon oncle désire se trouver à Cronstadt pour l'arrivée de l'amiral Gervais, qui y est attendu avec sa flotte. A mon retour, je te conterai de vive voix mes impressions. J'aurais bien désiré voir la grande foire de Nyni-Novogorod, qui s'ouvrira précisément en même temps qu'auront lieu les fêtes données en l'honneur de nos braves marins; pour ce motif, nous abandonnons ce projet.

Tous les ans, cette foire, qui, avec Beaucaire, Leipzig, Francfort et Sinigaglia, est l'une des cinq grandes foires du monde, a lieu à cette époque de l'année.

MOSCOU. — GROS CANON

Novogorod-La-Grande, le 12 Juillet 1891.

Nous voici depuis deux jours à Novogorod. Cette nouvelle et vieille cité de la sainte Russie me laisse assez froid après avoir vu les beautés moskovites.

Laisse-moi te raconter seulement, cher petit ami, nos dernières journées à Moscou.

Le jour de notre départ, nous avons été déjeuner chez M. Bertram, avec M. Alix. Nos hôtes ont été charmants.

Deux jolis enfants font leur bonheur. L'aîné se nomme Robert, comme son père, et la dernière, une ravissante fillette de deux ans, s'appelle Olga, du nom de sa mère. Le petit, un vrai batailleur, parle déjà de sa volonté de devenir saint-cyrien, pour être soldat de la France.

Après le repas, qu'on a activé le plus possible, M. et Mme Bertram nous ont conduits d'abord voir la Bourse et les marchés du quartier Kitaï-Gorod.

Les constructions sont très peu régulières, et donnent à ce coin de Moscou un aspect tout particulier et original ; pour moi, j'aimerais bien mieux habiter les environs du Kremlin, où sont les plus beaux boulevards.

Nous sommes entrés dans la cathédrale de Saint-Basile, située sur la place Rouge. Je n'aime pas l'architecture de cette église ; les couleurs multiples de ses coupoles et leur irrégularité lui donnent plutôt l'air d'un théâtre.

M. Bertram m'a appris qu'Ivan IV, le Terrible, avait fait le vœu de construire une église s'il revenait victorieux de sa guerre contre le czar de Kasan. A son retour, fier d'avoir vaincu son ennemi, il fit élever la cathédrale Saint-Basile.

Quand l'église fut terminée, il fit crever les yeux de l'architecte qui l'avait construite, pour l'empêcher de créer d'autres chefs-d'œuvre semblables. Cette histoire m'a remis en mémoire celle de l'horloger qui fit la célèbre horloge de la cathédrale de Strasbourg, et qui eut aussi les yeux crevés, pour qu'il ne pût refaire une pareille horloge; mais lui se vengea, en brisant une pièce de son œuvre qui en arrêta le mouvement. Longtemps après, un autre horloger parvint à réparer le dommage. Depuis, l'horloge marche non pas avec la perfection qu'elle avait en sortant des mains de son inventeur, mais suffisamment bien pour exciter la curiosité des étrangers qui visitent notre cher et regretté Strasbourg.

Enfin, l'heure du train pour Novogorod approchant, nous dîmes adieu à M. et Mme Bertram, ne sachant comment leur exprimer notre reconnaissance pour leur accueil si cordial, et nous reprîmes, avec M. Alix, le chemin de la gare, où nos bagages nous avaient précédés. A huit heures, nous prenons place dans un compartiment de seconde classe, et nous serrons avec effusion les mains de ce brave M. Alix que nous retrouverons à Paris, je l'espère.....

Quand nous sommes descendus du train, la pluie tombait à torrents ; c'était un vrai temps de déluge. Hier, la pluie a continué toute la journée, ce qui nous a retenus prisonniers à l'*Hôtel Catherine II*. J'ai profité de cette circonstance pour écrire à plusieurs de mes amis de collège. Enfin, ce matin, le soleil a daigné se montrer dans tout son éclat, et nous avons pu sortir.

Novogorod est située au bord du lac Ilmen, sur le Volkhov, qui sépare la ville en deux ; à droite le quartier des rentiers, à gauche celui des commerçants.

J'ai appris par mon cher oncle que Novogorod était autrefois une ancienne République. Son commerce en faisait la ville la plus célèbre de toute la Russie ; sa population atteignait un chiffre très élevé, un demi-million. Le proverbe d'alors était « que faire contre Dieu et la grande Novogorod. » Cette cité orgueilleuse fut anéantie par le prince Ivan Vasilievitch le Terrible, et la fondation de Saint-Pétersbourg porta le dernier coup à sa puissance. Aujourd'hui elle n'a plus que 20,000 habitants, et de son commerce tombé ; il n'existe plus que la pêche et la navigation. Ses principales curiosités sont le Château-Neuf, le bazar, le parc situé le long du fleuve.

Dans le fameux bazar tant vanté, j'ai acheté, pour ma bonne petite sœur, un bandeau russe, comme le portent ici toutes les femmes, au lieu de chapeau. Je trouve cette coiffure très belle et très majestueuse, et quand ma petite sœur sera habillée en Russe, je suis certain qu'elle sera ravissante. Mon oncle m'a fait voir encore le vieux palais des czars, demeure actuelle du gouverneur ; l'Entrepôt des vivres militaires et l'École des Cadets ; enfin l'église cathédrale Sainte-Sophie, qui ressemble, comme Saint-Marc de Venise, à Sainte-Sophie de Constantinople. Nous avons terminé notre visite à Novogorod par une promenade dans le parc, que j'ai trouvé fort beau.

Dans une heure, nous nous embarquerons pour Saint-Pétersbourg, et demain, nous serons dans la ville des Czars, dans la capitale actuelle de la Russie.

Saint-Pétersbourg, 20 Juillet 1891.

MON CHER COUSIN,

Je suis enchanté de mon séjour à Saint-Pétersbourg ; c'est une ville admirablement construite à l'embouchure de la Néva.

Ce fut Pierre le Grand, le charpentier de Saardam, qui fonda cette belle cité russe en 1703, et à laquelle, il donna son nom.

Certes, le czar Pierre ne fit pas les choses à demi, car il a été prodigue d'édifices superbes dans sa chère capitale.

SAINT-PÉTERSBOURG. — CATHÉDRALE SAINT-ISAAC

Malheureusement il y a un point noir dans toute la splendeur de cette Babylone du Nord ; la ville est malsaine et humide, parce qu'elle s'élève dans une plaine marécageuse à moitié desséchée, et sur les iles qui sont entre les cinq bras du fleuve. Son climat est dangereux ; il y fait ou très chaud ou très froid, et ces changements brusques de température sont une cause de grande mortalité.

Saint-Pétersbourg est dominée par la citadelle, et de là le coup d'œil est charmant. On aperçoit dans le lointain les palais et les dômes étincelants des nombreuses églises. On distingue entre autres l'église Saint-Pierre et Saint-Paul qui est vraiment de toute beauté. Là sont renfermés tous les tombeaux des empereurs de Russie ; la cathédrale de l'Annonciation où est déposé le corps de Souvarow ; l'église Saint-Isaac qui a beaucoup d'analogie avec le Panthéon de Rome, c'est la plus riche de toutes les basiliques. Mais il paraîtrait que les fidèles abrités sous ses voûtes de marbre de Finlande n'y sont guère en sécurité. On craint, en effet, que cette énorme masse si lourde, avec ses colonnades de porphyre, n'enfonce le sol marécageux sur lequel elle est construite et n'enfouisse sous ses décombres les nombreux visiteurs qui viennent l'admirer.

Notre-Dame de Kasan mérite aussi d'être mentionnée, à cause de l'or et des pierreries qui s'y trouvent accumulés.

En parcourant Saint-Pétersbourg nous avons vu le palais d'Hiver, demeure des Czars, pour lequel Alexandre III, si sympathique aux Français, avait un faible prononcé. Ce château est vraiment admirable, ainsi que le palais Constantin, ou palais de marbre, qui fut donné par l'impératrice Catherine à son général Grégoire Orloff.

Parmi les beaux monuments on trouve le Théâtre et le palais Michaïloff (ce dernier est un des plus beaux palais de l'Europe; il a coûté, dit-on, dix-sept millions de roubles). L'Amirauté, l'Arsenal et le Théâtre Alexandre.

Reçus très gracieusement par les directeurs de l'Assistance publique, nous avons été autorisés par eux à visiter leurs établissements, et c'est ainsi que nous sommes entrés aux Aveugles, aux Sourds-Muets, aux Vieillards; mais ce qui m'a le plus intéressé c'est l'hospice des Enfants-Trouvés, où tous les petits pensionnaires sont occupés à la fabrication des cartes à jouer dont le monopole leur appartient.

Hier nous avons passé une délicieuse journée chez des amis de M. Bertram, qui leur avait annoncé notre arrivée. Ils nous ont reçus dans la superbe propriété qu'ils possèdent dans une des îles de la Néva. En nous invitant, ils nous ont dit :

— Nous irons demain passer la journée à la campagne. Je me figurais tout simplement que cette campagne était bien loin, aussi qu'on juge de mon étonnement quand, après quelques minutes de marche, nous arrivâmes sur les bords de ce fleuve, où un petit bateau de plaisance fort gentil, appartenant à nos hôtes, nous fit faire la traversée de la Néva. J'appris alors que les personnes aisées de Saint-Pétersbourg avaient toutes des habitations d'été dans ces îles qui forment un quartier de la ville. En effet, on voit partout des villas avec des jardins magnifiques, et c'est vraiment dommage que ces propriétés ne puissent être habitées que pendant les mois de fortes chaleurs, car, en hiver, les propriétaires sont obligés de les abandonner à cause du froid et des inondations. Pierre et Alexis, les deux enfants de M. Ivaroff, avaient obtenu congé en notre honneur. Nous avons fait de bonnes parties de *law-tennis*, de croquet, puis quelques exercices de trapèze ; la balançoire n'a pas été dédaignée. Bref, je t'assure, mon cher Roger, que le soir venu j'étais rompu.

Aujourd'hui 22, la ville est pavoisée de tous côtés. On attend demain l'amiral français ; les rues, les places sont ornées de trophées, de feuillage et de fleurs pour fêter nos braves compatriotes ; tout cela donne à la ville un aspect magique, bien que Saint-Pétersbourg n'ait pas besoin d'embellissements. Ses rues sont droites et bien alignées et ses places sont vastes. Saint-Pétersbourg, ordinairement solitaire, est aujourd'hui très animée. La perspective Newsky, longue d'environ cinq kilomètres, la promenade favorite du grand monde pétersbourgeois, est admirable avec ses riches hôtels et ses beaux monuments ; mais son pavage, fait de tous matériaux, vous fatigue énormément et vous abîme pieds et chaussures.

J'ai admiré sur la place de Pierre le Grand, la statue en bronze de ce grand homme. Pierre le Grand est représenté à cheval, la main droite tendue vers la Néva. Son cheval, qui se cabre, écrase avec ses pieds de derrière un gros serpent. Cette œuvre colossale, dont la maquette est due au sculpteur français Falconet, repose sur un bloc de granit de Finlande ; elle a près de seize mètres de hauteur, non compris le piédestal. Le cavalier a, lui, environ trois mètres.

Dans nos courses à travers la capitale égayée par quelques jardins publics et quelques parcs, au nombre desquels le parc impérial Peterhof, j'ai remarqué encore la colonne Alexandre, l'obélisque en granit noir, du général Roumantsoff, vainqueur des Turcs, et entre le Champ de Mars et le palais d'Hiver, la statue de Souvaroff.

Demain nous allons à Cronstadt assister à l'arrivée de la flotte française.

Cronstadt est le port militaire le plus important de Russie. Elle est en même temps port commercial.

Cette ville a été bâtie, comme Saint-Pétersbourg, par Pierre le Grand, sur une île au fond du golfe de Finlande, et à l'embouchure de la Néva. C'est aussi la plus forte et la plus redoutable place de l'Empire. Elle est imprenable ; ses environs sont hérissés de forts qui en défendent l'approche.

Les deux bassins à flots, dans lesquels les vaisseaux de guerre trouvent un abri, sont, l'un à l'est de Cronstadt, l'autre au centre, tandis que le bassin du commerce pouvant contenir environ un millier de navires, est placé à l'ouest. C'est une belle ville, bien pavée, très animée pendant l'été, mais entièrement morte en hiver.

———

Cronstadt, 23 Juillet 1891.

Mon cher Cousin,

Nous sommes arrivés à Cronstadt en retard de quelques heures, car le bateau à vapeur qui nous a amenés de Saint-Pétersbourg a eu une légère avarie au moment du départ.

De Saint-Pétersbourg à Cronstadt d'innombrables bateaux sillonnent la Néva, envahie par une foule de passagers impatients d'acclamer nos marins.

Nous sommes descendus à l'hôtel Strogoffa où on nous a appris qu'un ballon captif placé à Krassnaïa-Gorka guettait la venue de l'escadre, et, en arrivant sur la jetée, nous avons vu partir le vaisseau amiral russe l'*Onéga* qui allait à la rencontre de l'amiral Gervais. Peu après l'escadre française faisait son entrée à Cronstadt. C'étaient partout

des cris de joie, des vivats, dominés par la grande voix des
canons des deux escadres. Jamais je n'ai vu tant d'enthousiasme qu'au moment où le commandant en chef
français est descendu du *Marengo* avec tous les officiers de
son bord. De mignonnes petites filles russes jetaient des
bouquets sous leurs pieds, pendant que la musique de leur
pays jouait tour à tour la *Marseillaise* et l'hymne russe.
Toutes les maisons étaient pavoisées, et cela faisait battre
nos cœurs de voir les couleurs françaises répandues avec
tant de profusion en l'honneur de nos soldats.

Vers le soir, après avoir rendu plusieurs visites, l'amiral Gervais est parti sur un torpilleur pour Saint-Pétersbourg.

25 Juillet 1891.

Hier, l'amiral Gervais et les principaux officiers ont
dîné chez le commandant du port ; à la suite de ce
dîner, les convives ont visité la ville et les environs en
voiture découverte ; j'ai pu voir nos marins, officiers et
soldats.

Aujourd'hui nous avons assisté à la plus belle de toutes
les réceptions. L'Empereur, l'Impératrice et toute la famille
impériale sont arrivés à Cronstadt sur le yacht *Alexandrie,*

SAINT-PÉTERSBOURG. — STATUE DE PIERRE LE GRAND

pour visiter les bâtiments français et prouver à notre chère
patrie combien la Russie fraternise avec elle. C'est à dix
heures et demie, par un temps splendide, qu'Alexandre III
et les siens sont arrivés dans la rade. Tous les vaisseaux
de l'escadre étaient pavoisés, tous les marins à leurs postes,
et quand le Czar, la Czarine et leurs enfants, la reine de
Grèce, les grands ducs, les grandes duchesses ont quitté
le yacht impérial pour monter sur le *Marengo,* ils ont été
accueillis par des salves d'artillerie et de frénétiques cris
d'enthousiasme. Ils ont été reçus sur le pont du *Marengo*
et ont assisté au défilé des marins de l'escadre, comman-
dés par le capitaine de frégate Maisonneuve, pendant que
la musique jouait la marche de *Sambre-et-Meuse,* l'hymne
national russe et l'hymne national grec, en l'honneur de la
reine de Grèce.

Le Czar a félicité chaudement tous nos soldats de leur
bonne tenue et a fait réunir tous les marins médaillés
pour les interroger sur les exploits qui leur avaient valu
cette belle distinction. Il s'est montré d'une amabilité telle
que nos marins en garderont toujours le souvenir.

La famille impériale après avoir visité *le Marengo,* est
allée voir *le Marceau* qui a été l'objet de leur admiration.
Le dernier fils du Czar, le gentil czarewitch Michel, était
tellement émerveillé, qu'il a déclaré vouloir être marin. Vers
une heure les souverains russes ont invité l'amiral Gervais,
les commandants des navires français, ainsi que M. Labou-

laye, ambassadeur de France, à déjeuner avec eux à bord
du yacht impérial *Dierjava*.

Après la famille impériale, c'est M. le maire de Saint-
Pétersbourg et la municipalité, qui sont venus visiter
l'escadre, et inviter l'amiral et les officiers à un banquet,
donné en leur honneur.

Saint-Pétersbourg, 29 Juillet 1891.

Nous sommes de retour à Saint Pétersbourg. Tous ces
jours derniers se sont passés en ovations et en festins pour
les officiers et marins. Toute la journée et partout on
n'entend que les cris de : « Vive la France ! Vive la
Russie ! »

Le grand duc Alexis a déjeuné à bord du *Marengo* et a
été reçu avec allégresse. De tous côtés on n'entend que des
musiques jouant les airs russe et français. Nous avons été
ravis d'entendre les choristes du fameux orchestre Slaviansky,
chanter, en costume national russe, une cantate composée
exprès pour nos marins sur l'air de la Marseillaise : *Salut
aux marins français.*

Les canots et le torpilleur de l'amiral Gervais sillonnent
constamment la Néva, sur les bords de laquelle la foule se
presse pour leur faire des ovations sans cesse renouvelées.

Il paraît que le dîner offert à l'amiral Gervais par le grand duc Alexis, sur le croiseur l'*Asia*, à Cronstadt, a été d'une splendeur toute particulière.

La municipalité de Cronstadt a voulu recevoir l'amiral, toujours accompagné de ses officiers. Ce soir, c'est le maire de Saint-Pétersbourg et les conseillers qui donnent un véritable festin de Lucullus à nos officiers de marine, à chacun desquels ils doivent offrir, après le repas, de superbes vases d'argent, et des coupes également en argent, en souvenir de la réception pétersbourgeoise.

Enfin, hier soir, dans le grand et splendide palais impérial de Peterhof, le Czar a reçu à sa table l'amiral et les principaux membres de l'escadre et de l'ambassade françaises. La reine de Grèce, sa fille et toute la famille impériale assistaient au dîner qui comptait au moins cent soixante couverts. Alexandre, la Czarine et les siens rivalisaient d'amabilité pour nos compatriotes, qui, je le crois, se souviendront toute leur vie de l'accueil si cordial de nos bons amis les Russes.

On nous a dit que le Czar avait envoyé à M. Carnot un télégramme pour le féliciter de la tenue irréprochable de nos marins, et que M. Carnot a répondu pour remercier l'Empereur. Mon oncle pense que tous les Français doivent être heureux de s'allier avec les braves Russes, et que c'est une date qui marquera dans notre histoire que celle de l'entente franco-russe. Pour ma part, j'aurai longtemps

présente à ma mémoire la visite de l'escadre française en
Russie. Je crois que je n'ai jamais rien vu de si beau que
toutes ces réceptions, et surtout je puis dire que jamais
je n'ai senti mon cœur si ému et si joyeux qu'en voyant
l'enthousiasme si sincère des Russes pour les Français.

Saint-Pétersbourg, 3 Août 1891.

Depuis quatre jours les fêtes continuent. L'amiral Gervais
et nos marins sont sans cesse invités à de nouveaux
banquets.

L'enthousiasme est toujours le même ; les Russes crient :
« Vive la France ! » et les Français : « Vive la Russie ! »
avec un accent qui part vraiment du cœur.

Le Ministre de la Marine a donné un repas des plus
animés. L'enthousiasme est toujours très grand dans toutes
les classes de la société. Nos braves marins sont comblés
de présents. On raconte à ce sujet qu'une vieille paysanne
russe avait envoyé à notre amiral un petit tonneau de
concombres salés avec une touchante lettre, lui disant
que tous en Russie, les pauvres aussi bien que les riches,
aiment les Français qui sont leurs frères, ayant au cœur,
tout aussi bien qu'eux, la haine du même ennemi : « le

LE « MARENGO »

Nemetz, » ce qui veut dire « l'Allemand. » Cette bonne vieille ne sera plus oubliée par nos cœurs français.

Demain mardi, l'amiral Gervais part pour Moscou visiter l'Exposition avec ses principaux officiers.

J'oubliais de dire que samedi dernier l'amiral français a donné une splendide matinée dansante à bord du *Marengo*. Nous avons passé notre temps à voir les belles dames et les grands personnages russes monter sur le vaisseau superbement orné pour les recevoir.

Dimanche, l'amiral a visité les églises de Saint-Pétersbourg, et il paraît qu'il a reçu de beaux souvenirs du Métropolite, ou Supérieur du couvent Alexandre Newsky, et du marguillier Smourow de la cathédrale Isaac.

Aujourd'hui, nos compatriotes ont assisté à un déjeuner d'apparat donné à Peterhof, à l'occasion de la fête de la Czarine.

Pendant que l'amiral et ses officiers iront à Moscou, nous irons passer quelques jours chez M. et Mme Ivanof, à leur villa Flore, où nous nous reposerons un peu avant de retourner à Cronstadt assister au départ de l'escadre.

Ce soir, nous irons voir les illuminations du parc Peterho et le feu d'artifice sur la rade.

———

Villa-Flore, 7 Août 1891.

Il paraît que l'amiral Gervais revient ce matin de Moscou, où on lui a fait autant de fêtes qu'à Saint-Pétersbourg. L'escadre part demain.

Le 4 août au matin, nous avons vu le départ de l'escadre qui se rendait à Biorkoë, attendre le retour de l'amiral Gervais. Une foule innombrable assistait au départ, et les adieux ont été très chaleureux ; l'enthousiasme était à son comble, et plus que jamais on criait partout : « Vive la France ! Vive la Russie ! Vivent les marins français. »

———

Cronstadt, 8 Août 1891.

Hier, nous avons assisté à l'arrivée de l'amiral, venant de Moscou ; il a fait plusieurs visite d'adieu, et partout où il passait, c'était une vraie fureur de démonstrations de sympathies.

Après avoir déjeuné à bord d'un yacht, il est parti avec sa suite pour Cronstadt.

Nous avons fait comme eux, et nous voici réinstallés depuis hier soir à l'*Hotel Strogoff*.

Le soir, après plusieurs réceptions officielles, et au milieu d'un enthousiasme universel, le commandant de nos marins est monté sur le *Dniéper,* pour rejoindre l'escadre qui doit définitivement partir ce matin pour Christiansand, et de là pour l'Angleterre.

Nous aussi, nous allons prendre demain notre essort vers la France; mais avant de partir, je fais mes adieux à tous les pays que j'ai visités. Voilà ce beau voyage terminé. Que de remerciements je dois à mon oncle chéri pour les beaux jours que j'ai passés, grâce à lui. Voilà presque une année que nous avons quitté Bayonne; je vais revoir ma patrie avec bonheur, et en mettant le pied en wagon, j'ôterai ma casquette, et, levant mon bras, je crierai : « Vive la Russie que je quitte, et Vive la France que je vais revoir ! »

FIN

TABLE DES GRAVURES

— Lille. Typ. A. Taffin-Lefort. 5\